思言敬事

思言敬事

ある人文書編集者の回想

加藤敬事

岩波書店

まえがき

書名の「思言敬事」とは見慣れない四字熟語である。「敬事」という私の名前を見て、あるウェーバー学者は「事ヲ敬ス、とはまさにsachlich(即対象的・非人格的)で、いい名前だ」と褒めてくださった。その頭に「思言、言ヲ思フ」とくれば、言葉に思いをひそめ、物事を大切にしろ、となって、編集の本質を言い表しているような意味をもつ。

この四字熟語は中国の古典の中にあるのではなく、春秋戦国時代の秦国の印章に彫られている。秦の人がなぜこの文字を好んだのかは分からないが、とても良い言葉、大事なことだと思ったのには間違いない。名前と重なり、ちょっとうるさいが、あえてこの見慣れない四字熟語を書名としたのには、そうした背景がある。

編集者になるしかないような名前を授けられた私が、いかにして実際に編集者となったか、回想とともに、そこで出会った人々、出会った本について書きとめた文を集めて一冊の本にまとめた。私は、出版社みすず書房の人文書編集者として、一九六〇年代後半から二〇〇〇年まで働いた。最後の頃は陰りがあったとはいえ、人文書にとってのベル・エポックだったといえよう。

たいして大きな本ではないが、少しでもその時代の面影を伝えることができたとしたら、うれしい。

目次

まえがき

Ⅰ　ある人文書編集者の回想……1

一　私のなかのＤＮＡ　3
二　生き残った者　14
三　オリエンタリストの卵　24
四　小尾俊人と出会う　36
五　一九七〇年代はよく働いた　44
六　一九八〇年代以後　53
七　二つの展覧会　60

II　出会った人のこと……………………………………63
翻訳者素描　65
大久保和郎　65／中野好之　71／松浦高嶺　77／小林英夫　81／
石上良平　85／稲葉素之　90／三宅徳嘉　93／宇佐見英治　95／
中島みどり　96／池辺一郎　98／ヴォルフガング・シャモニ　100
ゆで卵とにぎり飯
——岡本敏子さんとの物語　102
すこし昔の話　110
——みすず書房旧社屋のこと
私は顔はまずいし、優しくもない　116
——『傅雷家書』とその編集者
あなたはこの世の四月の空　120
——中国の国章をデザインした女性
戸田銀次郎父子のこと　136

III　出会った本のこと……………………143

丸山文庫所蔵の徂徠関係資料をめぐって　145

三つの『保元物語』　153

本棚の片隅から　160

一　ニューヨーク公共図書館　160／二　クルアーンの中国語訳者　165／三　ヴィジャヤナガル王国の都で　169

異文化理解を体現した本の形　174

あとがき　183

初出一覧　186

主要書名索引

主要人名索引

I　ある人文書編集者の回想

一　私のなかのＤＮＡ

叔父さんの話から始めようと思った。叔父は「家」というタイトルの文章を遺していた。冒頭の一行、「書き出したのは暇があるからである。」これがとても気に入っていた。その頃、昭和十八年八月、叔父は中国東北の綏湯《すいとう》(今のどこだろう)に駐屯する部隊に属し、国境の向こうのソ連邦の山々を日がな一日眺めて過ごしていた。次には南方戦線の地獄の風景を見ることになるとは知る由もなかった。この文には「家」の歴史が簡潔に記されていると思っていたのに、あらためて読んでみると、ちょっと触れている程度で全く当てが外れた。記憶はほんとうに当てにならない。

ただ叔父の名誉のために言えば、自分の両親、兄弟姉妹にかんする記述はそれなりに面白い。嘉永生まれの祖母(私から見れば曽祖母)が歌っていた歌が採録されている。「井伊の掃部《かもん》さんアメリカ寄せたその罰で、桃の節句に首を切られたじゃないかいな」とか、「白河攻めて朝の帰りに二本松」とか、おそらく奥州征伐に来た官軍が歌っていた歌であろう。曽祖母たちが住んでいた福島県の荒井村(今は福島市内)は、こけし人形で知られる土湯温泉を通って会津へ抜ける道筋に当たっていた。

父の母方の一族を辿っていくと、水戸藩家老、戸田銀次郎忠敞《ただあきら》という人物に辿り着く。水戸の斉昭を藤田東湖とともに支えた人物で、そのことはむかし「戸田銀次郎父子のこと」という文章に書いた(本書収録)。その三男坊であったご先祖は幕末の水戸藩の血で血を洗う争いから、命からがら福島に逃れたのである。そこには書かなかったことが一つある。戸田の子孫で菊池の家に養子に行った慎之助は、陸軍大将となって、大正十一年、朝鮮軍司令官、十五年、教育総監にもなった。荒井村の白山寺にその扁額が掲げられているのを見た。「勇往邁進　菊池大将」とあった。

加藤の祖父、逸次は長く福島県庁に勤め、石川郡の郡長、勧業課長を歴任、辞めた後は製糸工場「富国館」の支配人に招聘されたが、第一次大戦後の不況でその繁栄も終わり、電灯会社の支配人となったが、これも「職工の淘汰」というのだから、首切りを押し付けられただけであった。盆栽が大好きだったという祖父は経営に全く向かなかった。疑獄に巻き込まれたが、無罪となったのを見ても、ただ謹厳実直な官吏だったのだろう。ちなみに私の名前を、『論語』の「学而第一」から採って「敬事」(物事を大切にしろ)と名付けたのは、この祖父である。

「家」の歴史を辿っていると、他にも色々あって、台湾の「霧社蕃退治」(先住民族の虐殺、映画『セデック・バレ』の世界)を自慢にする警察官あり、ブラジルの「勝ち組」で暴れた男ありで、日本近代史の汚点を掘っているような気分にもなってくるので、そろそろ私自身の話に移ろう。

私は一九四〇年、幻の東京オリンピックの年に生まれた。翌年、日本は太平洋戦争に突入、世界を敵に回して戦う。

切れ切れの記憶を別にして、最初のまとまった記憶は、敗戦の前夜、一九四五年八月十四日の夜に遡る。その夜、埼玉県の熊谷は米軍の空襲に曝された。防空壕の外は、降り注ぐ焼夷弾に燃えあがる音ばかりといった有様だった。一夜を過ごした防空壕から出て、一面の焼け野原に、見上げた空の青かったこと。もちろん敗戦なぞ知るよしもない子どもだったが、八月十五日が近づくと、その頃ラジオでは決まり文句のように「またあの青い空の夏がめぐってきました」と言うのを聴いて、本当にそうだったなと思った。

第二の記憶。父の工場は鉄から鉄板を作る「圧延」という作業をしていた軍需工場だったが、平和産業への転換を図らなければならず、フライパンの製作に挑んだ。その試作品を眺めている父の姿が二番目の記憶である。子どもながらに歴史の転換を見届けていたのだといったら大げさだが、それくらい戦争と平和の鮮明な記憶である。

敗戦を熊谷で迎えたが、その翌々年には、神奈川県鎌倉で小学校に入学し、二年生まで過ごした。材木座海岸に近く、静かな夜などたえず波の音がしていた。幼年時代の追憶のバックに流れるのは波の音である。

三年生の時に東京に移ってきた。世田谷の奥沢、「海軍村」とよばれる海軍のお偉いさんたちの住んでいた一角で、その後は長くそこで過ごすことになる。我が家はもと野田千助という海軍主計少将の家だったらしい。社宅ではあるが六百坪の敷地に二百四十坪の家が建っていた。向かいの沢野さんはどこかの国の駐在武官だったとかで、洋風の家に住んでいたため進駐軍に接収され、門にはアメリカ軍士官の欧文の表札がかかっていた。沢野夫人はなかなかモダンな女性で、詩も書いていた。『パンドラの匣《はこ》』という詩集を我が家にも一冊いただいたが、中身は覚えていない。その隣は譚《たん》さんという中国人で、日曜日は朝から麻雀牌の音がした。麻雀に雀の字が入っている理由がよく分かったが、あの音は竹と象牙の牌でないと出ない。近所に中村君という同年のませた少年がいた。彼の家はヴァイオリンの修理・製造を生業とし教室も営んでいた。彼はなかなか消息通で、斜め向かいの加藤さんの西洋人の奥様は横浜でダンサーをしていたのだと教えてくれた。ハーフの双子のお嬢さんは西洋人形のようだった。最寄りの駅は自由が丘で、窓ぎわのトットちゃん、黒柳徹子の通ったトモエ学園の校舎、古い電車が、今のピーコックストアのあたりに並んでいたのも覚えている。言ってみれば、昭和モダンが戦後を迎えたみたいな土地だった。

鎌倉では海岸と裏山で遊んでばかりいた記憶しかないので、本を読むようになったのは、この奥沢の家に移ってからだろう。とはいえ敗戦の直後なので、子ども向けの新しい本などあろうはずはなく、読んだのは、十歳上の兄の読み古しの少年雑誌であった。世は民主主義なのに、頭の中は依然として軍国主義である。少年・少女雑誌というもののもつ影響力は大きいと思うのだが、好事家の考証は別として、その分析というのはあるのだろうか。その意味で、ジョージ・オーウェルの「少年週刊誌」という文、彼の目の付け所、その分析には感心した。

オーウェルが少年雑誌の記事の中身を学校物と冒険物に分類している箇所があって、それはよく分かった。分類すれば学校物に属するだろうが、イギリスのパブリックスクールの少年と皇国の少年とではその経験は大違いで、日本の少年雑誌には次のような記事があった。習字の授業時間中に、突然よいよと泣き崩れる少年の話である。新聞紙に練習していたのだが、気がつくと裏側に天皇陛下の御写真があって、表の墨が染み尊顔を汚してしまったという罪におののく少年の話である。どうしてこれが印象深かったのか分からないが、世はもはや民主主義、ついさっきまで信じられないような不条理な世界があり、これもその一つと映ったのか、それともただ少年の不運に同情したのだろうか。

冒険物とはちょっと違うが、中国東北・満州の警察官の妻が、夫が匪賊討伐に行った後の駐在所を守って、女一人で襲い来る匪賊と闘うという話があった。和服姿の女性が、真剣な表情で、髪は乱れ、二の腕まで露わになった白い腕の先にピストルを構えている挿絵があって、この挿絵には魅入られた。後年、赤塚不二夫の自伝『これでいいのだ』を読んでいて驚いた。これと似たような話が出てくる。赤塚の父親は「満州国」警察官であり、母親はその妻である。いわば、これは赤塚不二夫の母の姿なのである。そういえば、オーウェルもインド帝国の警察官で、ビルマで「象を撃つ」経験をしている。

もう少し余計な話をすると、赤塚の「これでいいのだ」というセリフは、中国語の「没法子《メイファーズ》」から来るのだそうである。このことは「チンドンわかめ」の大場ひろみさんに教わった。中国瀋陽で中国人の間で育った赤塚は彼らがよく口にする「没法子」は、普通「しょうがない」と訳されるようなあきらめの語ではない、もっと深い意味があると、彼なりに解釈したのである。「わかめ」の義父は皇軍兵士として中国戦線で戦ったが、「中国人は殺されるとき、みな「没法子」というのは何故だろう」と不思議がっていたそうである。

雑誌ばかりでなく山中峯太郎『亜細亜の曙』のような冒険小説にも熱中した。驚いたことに、主人公の大東の鉄人・本郷義昭は中国語に堪能なのである。山中峯太郎は陸軍士官学校の出身で、中国語くらい解するのは当たり前であり、スパイには必須の教養であったろう。それでも驚いた。人けのない上海の魔窟にもぐり込んだ本郷義昭は闇に向かって声を発する、「有人没有《ユーレンメイユー》？」――だれかいませんか？　こういった調子である。この漢字とルビの発音で組み立てられた不思議な言語に魅せられた。日本の外の世界にはこんな言葉が話されている世界があるのか。中国語を学び始めたとき、少なくとも侏離《しゅり》鴃舌《げきぜつ》(鳥のさえずりのような訳の分からない言葉)とは思われず、違和感がなかったのも当然であった。

戦中の遺産はまだまだ身辺にさまざまな形で残っていた。姉はNHKかなにかの児童合唱団に属していて、我が家には子どもたちがムッソリーニ閣下に捧げてイタリア語で歌ったレコードが残されていた。最初にいかにもカタカナで読み上げるイタリア語のちょっと長い献辞があるので、あれは姉の声かと聞いたら、違うと言っていた。なんと言っていたのだろう。一寸浮き立つような気分になる曲なので、ときどき聴いていた。ファシスト党、黒シャツ隊の歌である。最後の一節「Giovinezza、Giovinezza」という子どもたちの歌声(チョビネッタと聞こえた。青春よ、若人よ、という意味らしい)が今も耳に残る。

父は理研コンツェルンの大河内正敏に拾われてその下で働いた人である。東京商科大(現・一橋大)卒という高学歴を除けば、田中角栄と一緒である。大河内さんの息子、信威(ペンネーム、小川信一)は東京帝大の「新人会」に属し、左翼文化団体の指導的立場にあったが、父はその世話を大河内さんに頼まれていた。従って宮川寅雄(のちの日中文化交流協会理事長)、宮内勇(非合法時代の日本共産党多数派、『ある時代の手記──一九三〇年代・日本共産党私史』の著者)といった人たちとの交流も戦時中からあって、敗戦の時、「いよいよわれわれの時代が来ました、いっしょにやりましょう」と言われたのにはまいった、と言っていた。蔵書に、鉄塔書院の『新興科学の旗のもとに』などの左翼文献が押し入れ半段分ほどもあったであろうか、贈られたのか、それとも保護観察(?)の必要からだったのであろうか。これらの左翼文献は、もう一つの関心、柳宗悦らの民藝運動の雑誌などとともに、当時新設の国際商科大の図書館にもらわれていった。

父は酒もたばこもやらない人間であった。本と骨董を集めるのが趣味の人である。骨董趣味は大河内信威が戦後、磯野風船子と名乗って日本陶磁協会の理事長となったのと一致する。一九五〇年、「岩波少年文庫」が発刊されると、子どもたちのために『宝島』『あしながおじさん』と次から次へと買い与えてくれた。しかし、既に少年雑誌に味をしめていた私には、西洋の物語は、まさに c'est de la littérature(絵空事)のように思えて、さっぱり身が入らない。少年文庫で楽しみにして読んだのは、井伏鱒二訳のドリトル先生の軽妙なシリーズ、ケストナーの『ふたりのロッテ』の奇想天外なストーリーくらいであろうか。『ハンス・ブリンカー』という表題に惹かれて、何度も読もうと挑戦するのだが、オランダも、スケートも、そして貧しさもほんとうには(?)私には遠い世界であった。読もうとしても読めない本(そういう本のリストはどんどん長くなっていった)の代名詞のように、その本の名は長く記憶された。

こうした経験があるだけに、宮崎駿の『本へのとびら——岩波少年文庫を語る』(岩波新書、二〇一一年)には驚きもし、感心もした。一歳違いの同世代の人で、ここに書かれたそのままではないにしても、これほどにもこれらの物語を理解し、吸収し、自らの想像力の源泉とした人がいたのだ。宮崎駿の挙げる本のタイトルもみな知っているし、『チポリーノの冒険』の玉ねぎの挿絵もなつかしく、ことごとくの挿絵に見覚えがある。でも中身は知らないのだ。それでも、『本へのとびら』の口絵にある、縁側に腹ばいになって、頬杖ついて本を読む少年の読書スタイルは、私のものでもあった。

同じころ、岩波書店からは『少年美術館』(一九五〇―五三年)も刊行された。安井曾太郎の装丁も渋くて素晴らしく、児島喜久雄らの解説も見事だったが、手を抜かずに子どもにいっさい妥協していないスタイルには全く歯が立たなかった。不思議なことに印刷の美しさ、例えばノートルダム寺院の怪獣の彫刻など、白黒写真の細部の陰影までくっきりした印刷の美しさだけは確実に伝わった。何度も見ていたので、近年、燃えるノートルダム寺院のテレビの映像を見ていても、火に包まれるあの怪獣の石彫の姿が思い浮かんだ。

一冊、忘れられない本がある。一九四九年版の『少年朝日年鑑』(朝日新聞社)である。この年に創刊された『年鑑』の冒頭には、カント『永遠平和のために』の話が引かれていた。この「永遠平和のために」という語が、死者のために墓に刻まれた言葉と知って感心したことはよく覚えている。この『年鑑』をつくった編者たちの志はもっと高いところにあったのだろうが、その幾分かでも伝わっているといいのだが、どうだろう。私と同様に、この『年鑑』を隅から隅まで読んだ少年がもう一人いたことを知った。国際的な経済学者、青木昌彦である。彼とは人生で二度ほどすれ違っているが、それもひょっとすると『少年朝日年鑑』の愛読者の縁だったのかもしれない。彼は『私の履歴書　人生越境ゲーム』の中で、この本について、こう言っている。「国内外のニュースや森羅万象の情報が満載で、今でいえばウィキペディアに熱中する、そこだけは今でいうオタク的なところがあったのかもしれない。」私もクリスマスプレゼントに贈られたこの本を、日の当たる縁側で、それこそ腹ばいになって日がな一日読みふけり、夜、風呂に入ったら、鼻血で湯が赤く染まるのを、気が遠くなるような思いで見ていた。いくらオタクでも『年鑑』を読んで鼻血が出る子どもというのも珍しかろう。

一九五〇年、夏も近いちょっと蒸し暑いような午後(六月二十五日)、朝鮮半島で戦争が始まったという臨時ニュースを聞いた。そのせいか、太平洋戦争より朝鮮戦争の方が私には身近だ。仁川上陸(九月十五日)の前夜は台風だったと神戸にいた年上の友人に聞いたが、どうだったろう。台風一過、上陸作戦の船がいっせいに神戸から出港したという。後年、初めてインチョン国際空港に降り立った時には、これがあの仁川(ジンセン)かという感慨すらあった。

後に入手した朝鮮戦争の写真集に、『ライフ』誌の写真家、ダグラス・ダンカンの撮った『This is War!』という本がある。ピカソの私生活の写真を撮ったりした写真家である。一九五一年の刊行だから、戦争の真っ最中である。そのPhoto Dataという最後の一頁、戦場カメラマンの装備などについて書かれ、面白かった。そこに「ニッコール・レンズ」は使える、東京で、必要な部品はすべて揃えられる、と書いてある。日本の光学産業の水準が『ライフ』のカメラマンに認められた瞬間である。朝鮮戦争によって日本の景気は浮上したが、光学産業もそうであったし、鉄鋼関連の会社を経営していたわが家も例外でなく、金ヘン景気と呼ばれたように、その余恵に与かったことは確かである。

「知の巨人」と呼ばれるノンフィクション作家、立花隆も同年で、その読書遍歴を読むと、子ども時代、青年時代に彼の読んだ本の量に圧倒される。それがいまの彼を形づくっていることは確かである。おそらく私はその百分の一、いや千分の一も読んでいないのではなかろうか。小学生で河出書房版の『世界文学全集』を読んでいたというのだから恐れ入る。「岩波少年文庫」や『少年朝日年鑑』クラスの少年読者を軽々と超えている。

それでも十歳頃に出会った一冊の本によって、その子の前にいっきょに世界が開けるという経験をすることはあると思う。「本へのとびら」は「世界へのとびら」にも通じていた。

二　生き残った者

中学二年生の時に大きな事件に出会った。一九五四年十月八日、麻布中学二年生二百七十六名は秋の遠足で神奈川県の相模湖へと向かった。昼食後、七十五名の生徒が遊覧船に乗船した。小雨が降っていた。船着き場を離れ、湖の中心に向かっていく船の跡をなにげなく眼で追っていると、十分ほどで水中に引きこまれるようにして船影が視界から消えた。しばらくの時があって、サイレンの音が湖面に鳴り渡り、船着き場から一斉にモーターボートが湖の中心に向かって走り出した。それから、ライトに煌々と照らされた船着き場、雨の中を帰途に就くバスの車列、断片的なシーンは浮かぶが、ちょっと記憶が飛び飛びに途切れる。夜になって二十二名の中学生の死が確認された。

相模湖遭難事件とよばれた事件である。後に級友の一人が、あれで人生観が変わったと言っていたが、まだ人生観というほどのものはない年ごろで、「生き残った者」というような感覚だけが残った。たぶん彼もそのようなことを言いたかったのだろう。彼、成田篤彦君は東大で英文学を学び、教養学部教授になって、『シャーロック・ホームズ家の料理読本』を訳したりした。中央自動車道を通って眼下に美しい相模湖の湖面が見えてくると、「生き残ったな」という思いと、あの青い湖の底で少年たちが遊んでいるような不思議な感覚にとらわれる。

この事件の二週間ほど前の九月二十六日には、台風で青函連絡船の洞爺丸が沈み、一一五五人の犠牲者を出した。この日本最大の海難事故を背景に、水上勉は『飢餓海峡』を描き、内田吐夢が映画化した。この年の社会面の十大ニュースの一位が洞爺丸事故、二位が相模湖事件であった。

その頃の私は、緘黙《かんもく》症のような状態であったが、別に級友と話したいとも思っていなかった。それで生意気にも見えたかもしれないが、それとも違う。必要がなかったのだ。満ち足りた孤独というものもある。授業が終われば図書室に行き、帰りは自由が丘の駅を降りると、ほぼ毎日、不二屋書店の新刊書の棚をのぞき、時に、西村文生堂の古本をのぞく、これが日課だった。雑誌は文生堂に予約していた。文生堂のご夫婦は老夫婦と見えたが、今思えばそうでもなかったろう。優しい人たちだった。不二屋書店も文生堂も今も健在である。

父は『芸術新潮』も創刊号(一九五〇年)から、文生堂に予約した。『芸術新潮』には、アンドレ・マルローの「東西美術論」なども長いこと連載されていて、気になって読むが、何を言っているのかさっぱり分からなかった。それでも「空想の美術館」と題されているように、膨大な複製写真によって思わぬ芸術作品の組み合わせが楽しめた。神護寺蔵の伝藤原隆信筆「平重盛像」「源頼朝像」について知ったのも、マルローの文章によってであり、現物を眼にした時は、憧れの人に出会えたような心地がした。

『芸術新潮』で楽しみにしていたのは、何といっても見開き二頁の新作映画の紹介欄である。いくつものシーンのカットが並べられ、そこにストーリーが添えられていた。覚えているのは『ドイツ零年』という映画である。弱者は生存意義がないとするナチズムを信奉する教師に影響され、病人の父に毒を盛って殺した少年が、教師に褒められると思いきや非難され、父の棺を載せた車が出発するのを見送ると、窓から身を投じるというストーリーである。ドイツ映画だとばかり思っていたら、のちにイタリアの巨匠ロベルト・ロッセリーニの一九四八年製作の映画(日本公開は一九五二年)と知って、映画そのものを見たら、ストーリーだけは完璧に合っていた。よほどこのストーリーが気に入ったのであろう。

もう一作覚えているのは、『夏の夜は三たび微笑む』(一九五五年)である。たぶんタイトルと女優の写真のせいだろうが何となく雰囲気は覚えていても、ストーリーは全然覚えていない。巨匠ベルイマンの作品と認識するのはずっと後のことである。一九七〇年代のミュージカル『リトル・ナイト・ミュージック』が、この映画に触発されてつくられたと聞いて驚いたが、二十世紀初頭のスウェーデンを背景にして、スティーヴン・ソンドハイムの三拍子の曲が限りなく美しい。ちなみにソンドハイムはブレヒトが嫌いだ。それにしても映画そのものより、『芸術新潮』のカット写真の一枚一枚の方が鮮明に記憶に残っているのはなぜだろう。

ほかに自分で予約していた雑誌は、『子供の科学』と『初歩のラジオ』であった(いずれも誠文堂新光社)。後者は音楽を聴く装置を作るためで、プレーヤーにアンプを繋いで、当時普及し始めたLP盤のレコードを買ってきては聴いた。敬虔なクリスチャンの家に生まれた友人、清水由紀郎君がセザール・フランクが好きだというので、聞いたことのない名前に驚き、こっちも対抗上ドミトリ・ショスタコーヴィッチの「ピアノ五重奏曲」のレコード(ハリウッド弦楽四重奏団の演奏だった)を買った。お陰様で最後のヴィオラ・ソナタまで、さらにはこの曲をめぐるアレクサンドル・ソクーロフのドキュメンタリー映画までも付き合う羽目になった。もっとも素地はあったようで、家にあったビクターの頒布会か何かで定期購入した一連のSP盤の中で、ランドフスカの弾くチェンバロの曲、プロコフィエフの「三つのオレンジへの恋」、オネゲルの「パシフィック231」などは、その変わった音に惹かれて、幾度となく聴いた。今でも大久保にあるLPの現代音楽を聴かせるカフェバーに、ときどき顔を出すのもその名残りである。現代史と現代音楽には奇妙な関係がある。ショスタコーヴィッチとスターリンの例は周知のとおりであるし、全体主義についての本をつくりながら、シェーンベルクの「ワルシャワの生き残り」を聴くと、気分が出る。

だが実際の役に立ったということで言えば、オペラ狂いだった兄から下し渡されたオペラのアリアのEP盤であろう。有難迷惑だったのだが、マリア・カラスの「ランメルムーアのルチア」

のルチア狂乱の場などは聴いているうちに、いつしか身にしみついてしまう。『かくも長き不在』(一九六一年)という映画で、記憶喪失して橋の下に住む男が『セヴィリアの理髪師』の「空は微笑み」を口ずさみながら町を歩いていると、カフェのテラスにいた男が「オペラは一生ものだからな」とつぶやく。記憶を失っても、アリアだけは忘れない、その感じはよく分かった。ナチの非人間性を描く名作だが、オペラのアリアが重要な役割を果たしている。ヨーロッパ映画に、その例は多い。さきの『ドイツ零年』にしても、少年が最後に耳にするのは、教会から流れてくる、プラタナスの木蔭への愛を歌うヘンデルの「オンブラ・マイ・フ」である。

とはいえ、映画についても、音楽についても、私の知識も感性も全く大したことはない。世の中には本当にすごいとしか言いようがない人がいて、そういう人に会うと、自分の何もかも中途半端なことを痛感する。

読書についても語らねばならないが、これも中途半端である。高校の図書委員として、都立新宿高校の図書委員と交流したことがある。夏休みに何を読んだかという話になって、カントの三批判を読みましたとか、芥川龍之介全集、三度目の完読とか言われて、戦意喪失、何を言ったか全く覚えていない。それでも、混乱した記憶の中から、読んだ本を無作為にあげてみよう。当時の高校生だれしもがよく読んだロマン・ロラン『ジャン・クリストフ』とロジェ・マルタン・デュガール『チボー家の人々』、ちょっと変わったところではショーロホフ『静かなるドン』、オストロフスキー『鋼鉄はいかに鍛えられたか』(いま誰か読むのだろうかと思ったが、岩波文庫に入っている)なども読んだ。ドストエフスキーは『白痴』が高校生の私にはいちばんだった。トルストイに言わせれば、これはダイアモンドである――ムィシュキン侯爵はダイアモンドの原石のような人であった。ディケンズの『デイヴィッド・コパフィールド』など読んでいるところを見ると長編は苦にならなかったようだし、どうやら、わが読書には一つの傾向があったようだ。自分ではよく分からなかったが、どちらかというと教養小説(Bildungsroman)的で、あまり文学的でも哲学的でもなかった。といって自らの内面的成長に役立てようというわけでもなく、他人の人生を覗くのを好んだということであろうか。「読書」という行為そのものについてはあまり語ることがない。むしろ、高野文子のマンガ『黄色い本――ジャック・チボーという名の友人』(二〇〇三年の手塚治虫文化賞・マンガ大賞受賞)が、あの時代の読書がどのようなものだったか、よく伝えている。就活をする田舎(たしか新潟)の女子高生が『チボー家の人々』を学校の図書室から借りてきて、本の頁を開くと、ジャック青年が「極東の人よ」と呼びかけてきて、女子高生との内面的対話が始まる。しょっちゅう日常的現実に呼び戻されながら。

ちょっと変わった本といえば、『タイム・マシン』の作者、H・G・ウェルズの『世界文化史――人類と生活との平易な物語として』(*The Outline of History*)は面白すぎるくらい面白かった。私が読んだのは新潮文庫版だったが、これには戦前に北川三郎訳の大鎧閣版『世界文化史大系』

というのがあった。訳者の北川は東京高等学校の生物学教授で、精進湖辺で情死するのだが、ノンフィクション作家、稲垣真美がその顛末を『その前夜、樹海に死す』(朝日新聞社、一九八一年)に書いている。著者は、執筆の動機について、自分は北川訳『世界文化史』のおそらく日本で最年少の読者であり、この本は小学生、中学生時代の愛読書だったと書いている。一歳の時からその挿絵を楽しんだというが、それは信じられる。古生物や原始人に始まる挿絵は面白く、赤ん坊でも惹かれるだろう。私の歴史の捉え方はよく地理的・空間的と言われるが、挿絵のみならず、この本の地図・年表はよく出来ていた。

そういえば家には寒冷紗で裏打ちされた立派な五万分の一の地図が大量にあった。「熊谷陸軍飛行学校」の印が押されていた。敗戦とともに不要になったのを、父が譲り受けてきたらしい。兄の厳重な管理下にあったが、ときどきこっそり覗くと、陸がほんのちょっと隅にあって、あとは海などという地図もあって楽しめた。

同じころ「毎日ライブラリー」というシリーズが刊行されていて、図書室の出納台の横のけっこう広いスペースを占めていた。なかに『人物世界史―東洋』という一巻があり、その背にあった編者、仁井田《にいだ》陞《のぼる》という妙な名が気になった。中国法制史の泰斗と知るのはずっと後の話である。ちなみに「西洋」の編者は村川堅太郎であった。

このシリーズには一風変わった横に開く「年表」が一冊あって、日本、東洋、西洋の事項が横並びになっていた。これは今では世界史年表の普通の体裁だが当時は珍しかった。たまたま話をしていて、この年表を作ったのが科学史家の金関義則さんであったことを知った。彼はレンズの専門家で日本軍の技術将校であったため、ジャーナリストとして不適格とされ、毎日新聞記者の座を追われるのだが、その科学部記者時代の仕事だという。ほんとうに年表と地図を作るのが大好きな奇人で、毎年、雑誌『みすず』の十二月号には、その年に出た地図批評を執筆していた。何年のことであったか、ソ連邦のアトラス新版（一九八六年、それともその二年前の『Atlas SSSR』だったろうか）が出るとなると大事件で、金関さんは大興奮であった。『ソビエト大百科事典』第一版の編集長、オットー・シュミットがバルト・ドイツ人の出身の著名な地理学者・探検家であったように、ソ連にはなかなか優れた地図製作者がいた。そのことは旧ソ連の軍用地図についての『レッド・アトラス』という本（シカゴ大学出版、邦訳は日経ナショナル・ジオグラフィック社）を見ても分かる。地図も読み方によっていろいろなことを語ってくれると知った。金関さんはある地図帳の綴じ目の部分を示して、この隠れた部分には南京とノモンハンがあると指摘した。二つの地はほとんど同じ経線上にあった。金関さんの地図のコレクションは、彼の他の蔵書とともに、東洋大学に収められたはずである。

話を元に戻して、高校のクラス担任は、赴任したばかりの国史の教師、後に文化人類学者として大活躍する山口昌男であった。何かのパーティーでお会いした時、そのことを話したら、「最初の犠牲者だな」と言われた。山口先生の授業は印象的であった。『万葉集』にある雄略天皇の歌「この岳《をか》に　菜摘ます児《こ》　家聞かな　名告《の》らさね」を挙げて、古代日本人にとって名を名乗るとはどういう行為であったか、そのもつ意味を説明するのである。これが日本史かと思った。

世界史は「西洋史」と「東洋史」に分かれ、西洋史は老練の宇野鴻先生、東洋史は若い戸田通男先生であった。戸田先生には『大きな思い出――僕たちの戸田先生』という追悼文集があるのを知った。その年譜を見ると、東大の大学院生時代、東洋文化研究所で仁井田陞先生の指導を受けたとある。教え子たちがひとしく挙げているのは、授業での諸葛孔明からニーベルンゲンの歌におよぶ自由な空気である。私もその自由な空気に触れた一人である。のちに先生は新設された霊友会の明法学院の校長になられた。

高校の教師でもう一人挙げねばならないのは、漢文の近藤啓吾先生である。山崎闇斎学派の正統を継いだと言われる堅い人で、闇斎学はともかくとして、その人格に傾倒して慕う生徒も多かった。クラスメートの吉原文昭君もその一人で、彼はその影響で中国哲学に進んだ。結果、東洋史に進んだ私と大学でも机を並べることとなった。市川安司教授の『孟子集注』の講義で教室に行くと、最前列に学生服を着て背筋を伸ばして、黒と朱の墨をすっている彼の姿があった。少々アナクロと映ったが、吉原君は宋明儒学の研究者となって中央大学で教鞭を執った。

一九四九年版『少年朝日年鑑』によって、山中峯太郎に別れを告げると、中華人民共和国の建国、朝鮮戦争と、一九五〇年代に入って時代と世界は大きく動いていた。冒険小説のように日本人がアジアのヒーローなどということは、決してないということも、もうその頃には十分に知っていた。

東京医科歯科大の教養部長を勤めた佐々木武さんは私と同年である。彼には『藤田省三著作集』第三巻「現代史断章」の解説をお願いしたが、そのなかの「一九五六年・ハンガリー問題をめぐって」という文の解説に、ハンガリー動乱を思い出して、こう書いている。「合州国のグラフ雑誌『ライフ』の別冊特集 Hungary's Fight For Freedom に掲載された記録写真によって、僕の記憶に今もって生々しい」と。原稿を受け取って、佐々木さんにその『ライフ』の特集号をもっている、と自慢した。貴重な物と言われたが、そうかもしれない。この特集号はいつもの『ライフ』とは全く違い、判型もやや小さく、紙も上質ではなく、ざら紙に目の粗いモノクロ写真で刷られていた。射殺される瞬間の秘密警察の人間を齣落としのように撮った写真、リンチで殺された人間に唾を吐きかける女性の写真など、人間の憎しみの深さに戦慄した。私は佐々木さんのように思想的に早熟でもないし、政治的に先鋭でもなかったが、同じ時代の空気だけは吸っていたと言えよう。

この『ライフ』特集号については、数年後にもう一度驚かされることがあった。それについて書かれた名取洋之助の一文によって目からうろこが落ちる思いをした。岩波新書の『写真の読みかた』(一九六三年)のなかの「編集技術からみた『自由を求めるハンガリアの戦い』」は、プロパガンダのグラフ雑誌を編集した経験豊富な名取らしい文章だった。この写真から私が受けた衝撃が、いかに編集者によって巧みに計算されたものだったか、見事に分析されていた。テレビも普及していない時代、この特集号は、写真の時代の一つの頂点だったと思う。

三　オリエンタリストの卵

「われわれの未来はバラ色ではなーい」。一九六〇年四月、東京大学教養学部自治会委員長、西部邁は国会議事堂へと出発するデモ隊に向かって演説をしていた。安保反対闘争である。「未来」とよばれたその後の時間は、確かにバラ色ではなかったかもしれないが、けっして暗黒というわけでもなかった。保釈された西部の姿を再びキャンパスで見たのは、もう秋の駒場祭の季節であった。

この時期の学生運動の経験の中で私が得た教訓は、私は権力にも、暴力にもひどく弱いということであった。首にまつわりつく警官の白い手袋、振り下ろされた警棒とともに飛び散る血、恐れた。これには耐えられない。とすれば、一瞬の勇ましさはなくとも、いかに持続的な抵抗がなしうるのか。抵抗者に対する関心とともに、屈した人々にも強い関心を抱いた。それが自分であるからである。

その頃、新入生の私は「教養」を身につけるのにけっこう忙しくしていた。特に学びたいというテーマもなかったので、有名な教授の授業を片っ端から聴講することにした。世界史の参考書の筆者、秀村欣二の「ギリシア・ローマ思潮」、石田英一郎の「文化人類学」、高津春繁の「言語学」、堀米庸三の「史学概論」、山崎正一の「哲学概論」、吉川逸治の「美術史」といったぐあいである。

山崎正一は、お寺の子に生まれたという冒頭の挨拶は聴いたが、それがどう哲学と結びついたか、哲学概論の中身は覚えていない。ただ後で串田孫一との共著『悪魔と裏切者――ルソーとヒューム』を見つけて、よい哲学者だと知る。堀米庸三は *Encyclopaedia Britannica* の History の項を読んだ。石田英一郎は「男の記号♂は盾と槍、女の記号♀は手鏡」というのしか覚えてない。その著『河童駒引考』が名著かどうかも分からないほど幼稚であった。吉川逸治はスライドを使って印象派とキュビスムの比較をして、感覚と理性について語ったように思う。高津春繁は印欧語という言語について語った。自然科学では、先生の名は覚えていないが、数学の「射影幾何学」の講義を聴いた。ユークリッド幾何学との関連が語られていた。編集者としてホワイトヘッドの本をつくるとき、射影幾何学の名が出てきて、ああ、あれかと思った程度の理解である。

語学のテクストで読んだのは、英語はオーウェルの『カタロニア讃歌』であった。スペイン内戦を描くこの本の翻訳は一九六六年に現代思潮社から刊行され広く、若い読者に迎えられるが、その動きを先取りしたかのような授業であった。人民政府側が敗れて、マドリッドが陥落する瞬間を撮ったフレデリック・ロシフのドキュメンタリー『マドリッドに死す』(一九六三年)を見たのも、この本に導かれたのかもしれない。国際義勇軍の若い兵士たちの笑顔は、その後の運命を知るだけにまぶしかった。ロシフは『ワルソー・ゲットー』(一九六一年)も撮っていて、これも見た。たぶんアテネ・フランセで上映されたのだと思う。ロシフが逝った時(一九九〇年四月十八日)、『ル・モンド』紙の一面に弔辞が掲載されていた。

ドイツ語は、ハンス・ノサックだと思ったが、あとでその短編小説集を見ても、授業で読んだ覚えのある小説は見つからなかった。ストーリーはこうである。第一次大戦後のスイスでの出来事、作家がカフェのウェイトレスに何か秘密があるようだと感じる。やがてその秘密とは、彼女はバルト三国出身で、無国籍であったというのである。なんでそれが秘密なのか、ドイツ語がよく読めないのは別として、さっぱり分からなかった。その疑問を後のちまで抱きつづけることになる。ハンナ・アーレントにとって無国籍の問題、国民国家において無国籍のまま無権利の状態に放り込まれることがいかに残酷なことだったかを知るまで、それは続いた。

ちょうどその頃、父がエールフランス就航十年記念のヨーロッパ旅行から帰ってきて、おみやげに一台のカメラをくれた。ミノックスというこのカメラ、世界のスパイ御愛用の小さくて接写が得意の高性能、しかも美しく、バルト三国の一つ、ラトヴィアの宝石と呼ばれたカメラであった。誰がミノックスをつくったのか。発明者と言われる二人がラトヴィアから脱出するとき一人が死亡、残った一人も何年か前にスイスで死んだ。その謎を追っていくと、ヒトラーとスターリンの間で翻弄されたこの国の運命に、現代史の秘密の一端が隠されていることが、ぼんやりとながら、先のドイツ語の短編小説ともあいまって見えてきた。

編集者にとって必要なのは、「あらゆるものについて何かを知っていること、何かについてはその全てを知っていること」という言葉を聞いたことがある。教養学部の教育はリベラル・アーツの理想には遠く、無駄なようではあったが、専門に行く前のこの教育は、未来の編集者のためには役立ったのかもしれない。ぼんやりとではあるが、自分にとっての文化地図のようなものが形成されつつあって、それを頼りに勝手気ままな旅を続けることとなる。

その頃すでに、教養学部を終えてから進むのは、文学部東洋史学科と決めていた。

東洋史学科に進んで、榎一雄教授(中央アジア史)の最初の授業が終わった時、次回は「東洋文庫」の見学であると告げられた。東洋文庫とは、北京に在住したジャーナリスト、G・E・モリソンの蔵書、二万四千冊を三菱財閥の岩崎久彌が購入して設立された、世界で屈指のアジア学専門の図書館・研究所である。西アジアから東アジアまでの貴重な文献を目の前にして、教授は「皆さんは将来はこれらの文献を使って研究するような学者になりなさい」と励まされた。しかし、努力が足りなかったのか、学力が足りなかったのか、それとも関心の幅が広すぎたのか、編集者になった。

東洋史学科に進学した同期は七人である。東洋史学科に入ると、山本達郎教授(東南アジア史)から「戸田(通男)君の弟子か」と言われた。師の名を辱めない弟子であったことを願う。

同期生の中に鈴木博君がいた。彼は都立両国高校の出身で、会ったその日から長い付き合いが始まった。山の手のお坊ちゃんから見れば、ほんとうに大人に見えた。吉原の見返り柳に近い彼の日本堤の家に行ったことがある。隣は回収した空き瓶を選別する町工場で、たえずガラス瓶の触れ合う音がしていた。材木座海岸の波の音とはだいぶ違う。彼の卒業論文は中国共産党の創立メンバーの一人、陳独秀についてであった。卒業後はリーダース・ダイジェストの労組の委員長を勤めたり、文革後の中国にわたって北京の放送局で働いたりした。その時の給料はインド以上、アフリカ以下であるなどと、話は面白かったが、中国との約束で書くことはできなかった。なかなか波乱に富んだ人生だった。私の訳ということになっている天安門事件のリーダーでアメリカに亡命した王丹《おうたん》の『中華人民共和国史十五講』(ちくま学芸文庫、二〇一四年)は、彼の下訳なしには完成しなかったであろう。畏友、台湾の聯経《れんけい》出版社の林載爵《りんさいしゃく》さんが出されたのを引き受け、天安門から二十五年の年に出版した。これが二人の最後の仕事になった。

鈴木君に最も感謝しているのは、人類学者、王崧興《ワンソンシン》先生に出会うきっかけを作ってくれたことである。ある日、彼は本郷のキャンパスで一枚のビラを見つけてきた――「中国語教えます」。私たちは教育学部の建物の四階にあった文化人類学の研究室に一人の台湾からの留学生を訪ねた。それが王崧興先生との初対面であった。それから始まったグランド脇の草地で学ぶ中国語の授業は懐かしい。大学を卒業してから二十年以上経って、なぜか二人で一度会いに行こうかなどと話し合っていた矢先、神田・内山書店の店頭で『台湾原住民研究』創刊号(風響社、一九九六年五月)を手に取って、衝撃を受けた。王先生の追悼特集が掲載されていたのである。享年六十、最後は日本国籍を取られ、パスポートに姓はO《オー》と記され、「私は一体何者か」というエッセイを書かれていた。

鈴木君にもう一つ感謝するのは、スターリンの言語学論文を面白いと薦めてくれたことである。スターリンという人物に関心を持ち、その民族政策がまた興味深く、未熟ながら、国家・民族・言語の問題に首を突っ込むようになった。その関心から、「偽満州国」の問題がとても面白く思えた。そこで、早稲田大学の安藤彦太郎教授の主宰する「満鉄史研究会」にも顔を出すようになった。そのメンバーの一人、山田豪一氏は『満州国の阿片専売――「わが満蒙の特殊権益」の研究』(汲古書院、二〇〇四年)の労作を著わされた。

鈴木君に誘われてバイトに行った通産省の外郭組織、日本工業立地センターでは、青木昌彦や西部邁の下で働いた。この組織、全国総合開発計画(全総)、新産業都市建設促進法に基づいて工業基地の建設を進めるための組織である。工業基地への原料の輸送、そのための道路の整備にかかわる必要な数値の計算等々が、毎日の仕事であった。高度経済成長時代が幕を開けようとしていた。

大学での授業では、山本達郎先生は、発見されたばかりの鄭和の大航海を記録した『西洋番国志』、発見者の向達《こうたつ》の校注本をテクストに教えられた。榎一雄先生はどうだったろう。これも当時出たばかりの王重民《おうじゅうみん》の『敦煌遺書総目索引』(北京中華書局、一九六二年)に関連して、世界各地に所蔵される敦煌文書のマイクロフィルム化をご自身が進め、グローバル・コレクションを東洋文庫にもたらす話を聞いた覚えがある。話のなかで、外国の図書館で王重民と鉢合わせすると、どうも彼の方が優遇されるとぼやいていた。榎先生はなかなか愛国者であった。それにしても、西域学者の向達も、敦煌学者・目録学者の王重民も、史学界の五大右派の列に加えられ、文化大革命で非業の死を遂げたことをのちに知った。版本権威、王重民は、四人組のもち上げる明らかな偽書、李卓吾《りたくご》の『史綱評要』を偽書とも言えず、そうでないとも言えず、死を選んだ。思えば、中国の学問の輝いていた時を、日本の学生として、中国の学者とともに生きていたのだという気がする。

インド史の荒松雄先生は、インドのイスラム聖廟について講じ、周藤吉之先生は宋代の土地制度、護雅夫《もり》先生は古代トルコ族の国家、突厥の国家構造、中国古代史の西嶋定生先生は冊封体制論、とそれぞれ得意の論を展開しておられた。外からは、朝鮮史の末松保和先生が学習院から来られて新羅の骨品制を、横浜市立大からは田中正俊先生が来られて、具体的なテーマは忘れたが、中国近代の社会経済史を講じておられた。それにしても、たいへん豪華なメンバーによる贅沢なメニューである。

なかでも周藤吉之先生に学者の姿勢を見た。二〇一〇年に東京大学文学部東洋史学科創立百年記念の催しで、イスラーム研究者の佐藤次高さんが、やはり周藤先生の一つの文書からどれだけのことを読み取れるか、この訓練が自分のイスラーム学が世界で認められるきっかけになったという話をされた。当時は、奴隷制か封建制か、「中国史の時代区分論」が盛んな時で、一つの文書にその証拠を求めた。ある日、護雅夫先生が「奴隷売買文書かと思ったら、牛の売買文書だったんだよね」と可笑しそうにしてたのが思い起こされる。

一方で、私自身の関心と言えば、西嶋先生の古代東アジアの秩序とは違った形で、中国古代に向かっていた。特に郭沫若《かくまつじゃく》、聞一多《ぶんいった》に惹かれた。郭は、発掘された新資料である甲骨文、殷周青銅器の銘文の研究から、経典にある古代史像を全く描きかえた。アメリカに留学した聞は、文献民俗学ともいうべき分野を開拓し、古典の新しい意味を次々と発見していた。郭は、文革のさなかに毛沢東礼賛の詩を書いたし、聞は革命前に凶弾に倒れたが(一九四六年)、二人とも詩人である。彼らの学問の根底にはアルス・ポエティカがあると感じられ、二人は天才であると思えて、惹かれていったのである。郭の本の版については、一つのこだわりがあった。郭の古代史研究は日本への亡命生活の中で生まれ、中国書専門の書店、文求堂の田中慶太郎の支援で何冊もの立派な線装本(和綴じ本)で発表された。しかし、私が手に入れようと努めたのは北京の科学出版社より刊行された線装本であった。その方が文求堂版より本文紙も表紙も微妙にしなやかなのである。郭は人民中国では権力の中枢におり、その著書は最高の造本で刊行されたに違いない。頁を繰るだけで権力の心地よさを感じた。

フランスのシノロジーにも関心を持った。マルセル・グラネ(Marcel Granet)の論文「中国における右と左("La droite et la gauche en Chine")」を手に入れ、何の発表だったか発表のテーマを思いつかず、その文を訳そうと思ったのだが、日仏学院の初級フランス語修了くらいでは歯が立たず、ほとんどグーグル翻訳状態で笑いものになっただけであった(今は谷田孝之の訳、朋友書店刊がある)。フランスの社会人類学者、ロベール・エルツの『右手の優越』がちくま学芸文庫から出て、人に指摘されて「解説」を読むと、グラネの論文はこれに刺激されて書かれたことが記されている。英訳は一九七三年とあるので、あわてて一九三〇年代のフランス語原文を探したが見つからなかった。どこで手に入れたのだろう。記憶は不確かだし証拠もないが、向かおうとした方向は正しかったと自らを慰めた。みすずに入ってからもグラネの著作を出そうと、卒論がグラネだったという学習院の高田淳教授を訪ねて行っていろいろと画策したことは、高田教授の回想『喜雨亭雑文』に記されているとおりである。

古代史に関心があるとはいえ、中国の古代史学者の研究を読むと、その古典に対する知識の量に圧倒される。困ったのは卒業論文のテーマである。こうなると以前から関心を持ち続ける現代史で行くしかない。余りに未熟な出来のわりには、テーマだけは大層なものなので、卒業論文についてては、これまで堅く口を閉ざしてきた。しかし、回想となると、もはや避けて通るわけにいかない。それにまた、そのテーマを選んだ必然性のようなものも、これまでの生い立ちにあるのだから。

タイトルは「満州における朝鮮人共産主義者　一九一九—一九三五」というものであった。いまでも微妙な問題である。ただこの論文には大きな限界がある。日本側官憲の文献資料によってのみ書かれていることである。ただ、作業としては防衛庁戦史室(当時の呼称)、外交史料館、東洋文庫近代中国研究室などを訪ねて、見られる限りの資料には目を通して、拾い出す作業をしている。「日本側官憲資料から見た」とでもタイトルを限定すれば、あの時点では多少は見られたかもしれない。外交史料館に先輩の河村一夫さんを訪ねて、ご自分で収集されてつくられたであろう謄写刷りの分厚い『間島問題資料(外務省文書)』をいただいたのには感激した。戦史室で参謀本部編『西伯利出兵史』を毎日読んでいると、戦史室のスタッフから何を探しているのかと尋ねられたので、「新韓村(New Korean Village)」についての記述を追っているのだと言うと、そんな記述があるのかと言われた。実はけっこうある。

論文は大きく三部に分かれ、一九一九―二四年の前史、第二部は一九二五―三〇年の朝鮮共産党満州総局の時代、第三部は一九三〇―三五年の中国共産党満州省委員会の時代に焦点を当てている。問題関心は分かるとしても、理論的枠組みとなると、「インターナショナリズムとナショナリズムの相剋」といった程度で、まことにお粗末である。その後、資料的にも方法的にも欠陥の多い、この論文に触れることを避けた。

この論文を書く直接の動機となったのは、満洲国軍政部顧問部編『満洲共産匪の研究』(一九三七年)と出会ったことであろう。今でこそ複刻もあり珍しくもないが、はじめて目にした時は、先ずはその大部なことに驚嘆し、このような本がつくられていたことに目を見張った。一つの資料の発見から一篇の論文を仕立て上げることはよくあることだが、これもその一例である。資料の切り取り方には自分独特のものがあったかもしれない。

この論文を書き上げたことは、二十世紀の歴史を見る目を養うには、多少役立った。東ヨーロッパ、中央アジアにまで視野は拡がり、注目するようになった。付け加えておかなければならないと思うのは、これらの地域についての知識は、神田・東京堂書店の二階の洋書売り場で蓄えられたことである。イディッシュの作家、アイザック・バシェヴィス・シンガーやジョージアの詩人、イスカンデルなど、英語の文献がよくそろっていた。翻訳をめぐって大論争になったウラジミール・ナボコフの『エフゲニー・オネーギン』の英訳に出会ったのもここである。本文の訳の三倍はあろうかというその注釈、時には一つの注が十頁にも及ぶという途方もない異様さには目を見張るものがあった。これに対するナボコフの長年の親友、エドマンド・ウィルソンの批判「プーシキンとナボコフの奇妙な事例」は、いま、みすず書房の『エドマンド・ウィルソン批評集』第二巻で読むことができる。これも書評としてはけっこう長い。その品ぞろえは洋書売り場の主任だった方の努力の賜物であったことを、どこかで読んだ。生来の恥ずかしがりから、声もかけなかったが、ちょっと小太りのその姿だけは目に浮かぶ。イディッシュの歌の王様と言われたレオ・フルドのことや、ユダヤ系の歌手ならだれでも歌っている「マイ・イディッシュ・ママ」という歌を知ったりしたのは、その頃の研鑽のおかげである。

話が先走ってしまったが、元に戻して不思議なことに、この論文を山本達郎教授は『史学雑誌』に推してもよいと言ってくださった。視点のユニークさを認めたのかもしれないが、全く自信もなければ見るべき部分もないと思った。朝鮮史の梶村秀樹さんは、私の試みを知って、朝鮮史を一緒にやらないかと誘ってくださった。誠実な梶村さんには申し訳ないが、私のやろうとしていることは、朝鮮史にかかわるとはいえ、朝鮮史とも中国史ともつかぬ領域のものであること、専門家になる能力もないことを説明して、最終的にはお断りした。どこかの私鉄の小さな駅だったと思うが、話を終え別れを告げて駅のホームに向かう私を、改札の外で見送る梶村さんのさびしそうな眼が、忘れられない。

漠然とではあるが、自分の力ではできないことを、編集者になることで実現しようとしていた。

四　小尾俊人と出会う

みすず書房の編集者、小尾俊人の名を初めて知ったのは、一九六二年、みすず書房が刊行を開始した『現代史資料』第一巻「ゾルゲ事件(一)」の解説者としてである。卒論のテーマ「インターナショナリズムとナショナリズムの相剋」からしても、いかにこのソ連邦赤軍のスパイ事件の資料に興奮したか、ご想像いただけるかと思う。

一九六五年、みすず書房がはじめて社員を公募した時、あまたの応募者のなかから採用されるにあたっては、先述の「満鉄史研究会」に属していたことが奇特なことと思われたのではないか。入社してすぐに『現代史資料』「満鉄」の巻の担当とされたからである。この年は、みすず書房創立二十周年に当たり、記念に新入社員の私も含め社員全員に、彫刻家・高田博厚作のロマン・

ロランのブロンズ像とソニーの小型の白黒テレビとが贈られた。当時、社員は二十五人くらいだったろうか、そのおよそ半数が編集部員だった。

入社して間もなくのことであるが、小尾さんから一冊の本を与えられ、始業前に一緒に読むことになった。スタンリー・アンウィンの『出版概論――出版業についての真実』という本である。アンウィンはトールキンの『指輪物語』も出した人である。この本の出だし、第一章「原稿の到着」というのだけは覚えている。原稿が到着したら、まず原稿の頭に著者の住所と氏名を書け、できたら終わりにも書けというのである。とても原則的で実際的な本であった。イギリス人らしいユーモアも随所にあった。これは別の本だったかもしれないが、「時に人の選んだ女性には驚かされるが、人の選んだ本にも驚かされる」と言ったのも彼である。

その翌年か、翌々年か、大卒の新入社員が入るようになって、社員教育の教科書として選ばれたのは、英語の本、マクルーハンの *The Medium is the Massage* であった。Message の誤植ではないか、とお思いであろう。身体性をもったメディアという意味で、誤植をそのまま、マクルーハンはタイトルにしてしまった。イメージと文字の組み合わせに工夫を凝らしたユニークな本であった。コピー機がようやく普及し始めた時代に、マクルーハンはこの本の中で「コピー機――凡人によるアイデア盗用――は、即時に出版が可能な時代のさきぶれである。今やだれもが著作者兼刊行者になれる」と言っている。コピペの時代の到来を予言しているかに見える。当時は全く意味が分からなかったが、時代はその通りになった。

この二冊の教科書の選択に、小尾さんのすごさがあると思う。小尾さんの好きな言葉に *festina lente* というラテン語の句がある。訳せば「ゆっくり急げ」といった意味であるが、ルネサンス期の大印刷・出版業者、アルドゥス・マヌティウスは「錨《いかり》とイルカ」をロゴマークとして、それを表現している。錨は泰然自若、イルカは敏捷、アンウィンは錨、マクルーハンはイルカといったところで、出版の奥義はそこにありといったところであろうか。

入社して、刊行書の原本が年代順に並んでいる棚を見ていて気づいたことがある。一九五〇年代の前半、今では信じられないほどのマルクス主義全盛の時代にあって、イギリス社会主義の線がみすずの刊行書にはあるのである。例えば、シドニー・ウェッブの『ソヴェト・コンミュニズム』、ハロルド・ラスキの『アメリカ・デモクラシー』『ヨーロッパ自由主義の発達』がある。広い意味では、バナールの『歴史における科学』、ラッセルの『西洋哲学史』も含めてよいであろう。カント、ヘーゲルの盛んな日本で、ラッセルのイギリス経験論の立場からする哲学史が、なぜかよく売れた。『世界文化史』のウェルズも、フェビアン協会に近づいたこともあり、どこか同じような空気が流れていて、これらの書物は私には馴染みの雰囲気があった。若き日の私は勇ましくもなく、生ぬるい教養派とみられていたが、その通りだったのである。小尾さんに、あれはマルクス主義に意識的に対抗したのかと聞いたら、「共産党員が嫌いだったから」との答えであった。小尾さんはいわゆるヒューマニストも嫌いで、「自分以外はインヒューマンだと思っている」と、ある人の名前を挙げて苦い経験を思い出すように言った。

他にも、創立間もない時期にカトリックの吉満義彦の著作集を刊行したのについて聞いたら、「何を言ってるのか分からないが、あの言葉には酔わせるものがある」と言っていた。まだ戦後間もないころで、「鬼畜米英」の叫ばれていた戦時中、吉満の言語宇宙に魅せられたのであろう。ラアトブルフの『社会主義の文化理論』については、「あそこには孤独の権利について書かれている」とのことであった。

出版企画は、編集会議によって決まる。これは出版社の一般的原則である。入社して最初の編集会議で奇妙な経験をした。みすず書房の大ロングセラーに神谷美恵子の『生きがいについて』という本がある。精神科医として「長島愛生園」のハンセン病患者と暮らす中から生まれた、人間への考察である。この原稿の採否をめぐって長い議論が費やされた。私は奇妙なタイトルだなと思って、ただ聞いていた。決着がつかないでいると、相田良雄営業部長の「この三分の一くらいだといいのだが」との野蛮な一言が発せられた。これでこのロングセラーが日の目を見た。本は中身でもあるが、物でもある。

小尾さんは編集会議については否定的な見解を有していて、会議では平均値が出てくるだけで面白くもなんともないという。その存在意義として挙げたのは、原稿を断るのに、編集会議を通らなかったといえば、口実になるというものであった。編集会議の民主制より、断然、編集長の独裁制の擁護者で、実際にそうであった。

小尾さんの著書を読むと大変な理想主義者である。それもそうなのであるが、実際にはかなりの現実主義者でもある。出版という現場の人であるから当然ではある。『文藝春秋』と『世界』のどちらかの広告を止めるという話になって、どっちにすると問われて、言いよどんでいると、それは『世界』だという。『文藝春秋』のような雑誌に広告があれば、読者はどこかで見た出版社だと思う、それが大事だというのである。そういえば、『文藝春秋』には広告主の索引がある。そこにはお酒や化粧品と並んでみすず書房の名があった。もちろん今はない。

入社して最初の仕事が、ニム・ウェイルズ『アリランの歌――一朝鮮人革命家の生涯』の広告文を書け、というのであったから、卒論のテーマにあまりにぴったりで不思議な感じがした。入社した明くる年には『現代史資料』「満鉄」の巻を出し始める。これが長い『現代史資料』とのお付き合いのはじめであった。

また入社と同時に、雑誌『みすず』に藤田省三さんの「維新の精神」の連載が始まり、私が藤田さんの担当となって、著作集の刊行にまで至るこれまた長いお付き合いが始まった。藤田さんからすれば、「維新の精神」は小さいながら、主著とみなされた『天皇制国家の支配原理』からの転換を図る意欲作であった。その時にその画期性をこちらが分かっていたかと言えば、分かっていなかった。それでも、藤田さんは著者としては別格であった。呼び出されれば飛んで行った。この世に自分と会うこと以上に大事な用があるなどと思ってもいない著者である。西武新宿線の沼袋駅に行くと、自転車に乗ってやって来た藤田さんがすでに改札口で待っていて、それから居酒屋の一角に居座る。書くものの画期性は分からなかったが、とんでもない人であることはすぐ分かった。ある若いクリスチャンの社会科学者が著書を送って来たので、ハガキに「悔い改めよ」と一行書いて送ったとか、茶目っ気というには辛辣すぎるが話としては面白い。そういう人であった。藤田さんの前では決して正体を現さないようにしていたら、「幽霊」というあだ名をつけられた。でも私から言わせれば、それは藤田さんの言うdistanceの感覚を大事にした結果であり、ご自身は全くその感覚に欠けていた。

その後、藤田さんはイギリス留学の経験を経て、一九六〇年代の最後を告げる「巻頭言」を雑誌『みすず』に発表して、新しい文体を開拓するのに成功した。なかでも「情熱的懐疑家」という一文が私は好きだ。このタイトルはアラン・ウッドの『バートランド・ラッセル――情熱の懐疑家』から採られたもので、ラッセルの死(一九七〇年二月二日)に際して書かれた追悼文である。藤田さんがラッセルから受け止めたのは、「不確かさに対する注目がかえって人類の生存や自由の確保のための果敢な戦いを支えている」ということである。懐疑家ラッセルの人生はまさにそれであった。「巻頭言」は相当にご自慢で、「短文の中にギュウギュウ詰め込んで、抽象化して物を言うのは私の最も得意とするところ」と言っているが、それだけにはとどまらない。それは何よりも時代の要請した新しい思考形式を模索した結果であった。新しい思考は新しい文体を要する。私はその生みの苦しみを間近で見ることとなったわけである。その後の『精神史的考察』に結実する一九七〇年代の藤田さんの仕事については、平凡社の編集者、龍澤武さんが支えた。

みすず書房といえば、西欧文明への憧れを形にしたような出版社で、レヴィ＝ストロースの人類学、ロラン・バルトの記号論など、西欧の代表的知性の翻訳出版で知られている。これらの翻訳リストをもって、フランクフルトの国際書籍見本市を訪れ、海外の出版人に見せると、驚きの目で見られる。日本にはこんな夢のような出版社があるのか、と。あまり自覚されていないが、日本の翻訳文化の蓄積は巨大である。世界の文明の知識を得ようとすれば日本語をマスターすればよい、それはすべて日本語で用意されているという話もある。冗談ではあるが、半ば事実でもある。

みすず書房の翻訳リストはいかにして決められていたか。周辺の学者からのすすめもあるが、特徴的なのは外国の新聞・雑誌の書評から選ばれていたことである。当時、予約購読していた紙誌名を思い出してみると、タイムズ・リテラリー・サプリメント、ニューヨーク・タイムズ日曜版、ル・モンド、フランクフルター・アルゲマイナー・ツァイトゥング、ニューヨーク・レヴュー・オブ・ブックス、ニューヨーカー、一時は中国の光明日報もあった。小尾さんは、毎週末をこれらに目を通すのに費やしていた。月曜日に出社した社員の机には、その興味関心に応じた海外の新聞雑誌記事の切り抜きが置かれていた。そのなかのいく冊かが著作権事務所に見本請求されるのである。むかし雑誌『みすず』に「海外文化ニュース」という欄があったが、これも小尾さんの海外紙誌閲覧の副産物であった。当時はまだ紙の媒体による情報伝達が最も早く、最も信頼できたのである。小尾さんが会社を辞めたとき、辞めて何がいちばんよかったかと聞いたら、あの週末の頁を繰る重労働から解放されたことだ、との答えであった。

西欧文化を中心としたみすずの翻訳文化の陰で、私は一九六〇年代後半から一九七〇年代前半にかけて、一つの試みをした。私は、小尾さんに「世界の半分はイスラムです」と言った。多少の誇張はあるが嘘ではない、東洋史の常識と言ってもいい。この言葉の意味は今では理解されるであろうが、当時の日本の読者の目はまだまだ欧米一辺倒であった。私にとってはラッキーなことに、みすずにとっては不幸なことに、私はバーナード・ルイスの『アラブの歴史』、ハミルトン・ギブの『イスラーム文明史』、モンゴメリー・ワットの『ムハンマド』、アーウィン・ローゼンタールの『中世イスラムの政治思想』を次々に出した。のちにエドワード・サイード『オリエンタリズム』(原書は一九七八年、邦訳は一九八六年)によって批判されるオリエンタリストたちの本である。バーナード・ルイスとサイードの「オリエンタリズム論争」を雑誌『みすず』でいち早く紹介したが、ここでは明らかにルイスは分が悪かった。サイードの本の重要性に気づきながら一瞬ためらって、日本語の版権は平凡社に取られてしまった。『オリエンタリズム』のなかで最大の標的とされているのは、ギブの「イスラーム宗教思想の構造」という論文であるが、これもみすずの出したギブの本の中に入っている。日本の翻訳文化は侮れない。平凡社の訳本の訳注には、もちろんみすずのこの翻訳があげられていて、私はそれで満足するしかなかった。その後、みすず書房は『イスラム報道』『文化と帝国主義』と、サイードの本を次々と出すことになる。

藤田省三さんの「巻頭言」の連載は匿名で、一九六九年六月から一九七〇年五月までの一年間つづいた。私のみすず書房での最初の五年は、この「巻頭言」とともに終わった。

五　一九七〇年代はよく働いた

一九七〇年代、とくにその前半はよく働いた。より正確には、よい働きをした、といった方がいいかもしれない。

一九七〇年代につくったハンナ・アーレント『全体主義の起原』やカール・シュミット『現代議会主義の精神史的地位』は半世紀近く経った今なお、というか今の方がよく読まれている。小尾俊人さんは、みすず書房の本について、「時間が畑である」と語ったが、これらの本はまさに時間を畑として育った本であった。これらの本がつくられる過程については、『小尾俊人日誌 一九六五―一九八五』(中央公論新社、二〇一九年)に記されているとおりである。そして、その本がつくられた転換期の意味については、『日誌』巻末の対談で、市村弘正さんが語っているとおりである。私は対談相手として、それに合いの手を入れている。

その他に私がつくった本をいくつか挙げてみよう。翻訳書では、ヴェド・メータ『ハエとハエとり壺』、カール・シュミット『政治的ロマン主義』、ダントレーヴ『国家とは何か』、コリングウッド『自然の観念』、コーンフォード『トゥーキューディデース――神話的歴史家』(トゥキディデスのことだが、名前が分かりにくかったせいで(?)売れなかった。でもいい本です。)などがある。コリングウッドも、コーンフォードも共訳者の一人は大沼忠弘さんである。大沼さんが古代ギリシアの哲学から出発して、その後はカバラーを基軸とした密儀体系の探求へと向かったのには、少し意外な感じがした。

『ハエとハエとり壺』は、タイトルだけではこれも何の本か分からない。副題の「現代イギリスの哲学者と歴史家」によってかろうじて分かる。このタイトルは、ウィトゲンシュタインの『哲学的探究』の第三〇九節「哲学における私の目的はなにか――ハエとり壺から逃げる道をハエに教えることだ」による。『ニューヨーカー』に連載され、知的刺激に満ちたおしゃれな本であったが、日本語の本自体が壺にはまって抜けだせない状態でいたところ、当時、雑誌『思想』に連載中の清水幾太郎「倫理学ノート」で取り上げられ助かった。「私にとっては、まるで私のために書かれた本のような気がする」というのである。メータの本は二部に分かたれ、前半はゲルナー『言葉と物』の分析哲学の徹底的な批判に始まる哲学者たちの論争を扱い、後半は、清水が訳したE・H・カー『歴史とは何か』に始まる歴史家たちの論争を扱う。清水幾太郎の議論も、前半の論争をめぐって展開された。

新村猛先生、森岡敬一郎さんを中心に訳されたマルク・ブロックの『封建社会』は、アナール派の歴史学への関心がたかまるなかでの待望の出版であった。以後、リュシアン・フェーヴル、フェルナン・ブローデル等々、アナール派の人々の仕事が日本でつぎつぎと翻訳紹介され、歴史学の新しい領域が開かれていった。その頃、二宮宏之さんにもアナール派心性史のマンドルーの翻訳をお願いしていたが、それは実らず、マルク・ブロックについてよい本を書いて岩波書店から出された。二宮さんが亡くなられたとき、『ル・モンド』紙に追悼文が掲載されていた。

みすずでは珍しい書き下ろしとして、長谷川四郎『中国服のブレヒト』を出した。もともとは、雑誌『みすず』の一九七〇年七月号から一九七二年五月号にかけて十回にわたる連載をまとめた本である。話は長谷川さんが紀伊國屋書店で、ブレヒトの『メ＝ティ』という本を見つけたことに始まる。メ＝ティとは墨翟《ぼくてき》、中国古代の諸子百家の一人、墨子のことである。ブレヒトは思考を喚起するものとして、時に中国古代の哲学のドイツ語訳を読むことを好んだ。この本ではメニティが、同じく中国風の名前をもつスターリン、ヒトラー、ローザ・ルクセンブルグ、マルクスと対話するというスタイルで話が展開する。そこにまた長谷川さんが登場、参加して、墨子、ブレヒト、長谷川さんが、時代と世界を自由自在に往来するという趣向の本である。いい本というより、好きな本の一冊である。同じように好きな本に、ラッセルの『人生についての断章』がある。この本は中野好之さんと太田喜一郎さんの共訳である。太田さんもちょっと変わった方で、家業の中小企業を継いだがつぶれて、残ったお金で何をしたら一生食っていけるかと考えて、お金はすべて勉強に費やし大学教授になればいいと考え、実行した人である。

京都のシノロジーを代表する狩野直喜の京都帝国大学での講義も『支那文学史——上古より六朝まで』を皮切りに、『論語孟子研究』『漢文研究法』『清朝の制度と文学』『春秋研究』『支那小説戯曲史』と二十年余にわたり出し続けることになった。墨で書かれた講義草稿の文字は美しかった。能書家として知られる狩野直喜の揮毫の様子が、同僚の東洋学者、桑原隲蔵《じつぞう》の息子、桑原武夫の「君山先生」(君山は狩野直喜の号)という随筆に書きとどめられている。君山先生が奥さんに中国の古墨をすらせて、しばらくして「そこらで鳩居堂を少しまぜて」と言われる箇所が、妙に印象的で忘れられない。講義草稿をまとめたのは孫の狩野直禎先生である。解説は吉川幸次郎先生、宮崎市定先生にお願いした。難しかったのは、毎回の講義の終りの部分がメモ風になっていたことである。再現に努めたがどうだったろう。この仕事は難儀なわりに認められること少ないが、よい仕事であった。直禎先生は京都女子大学の学長になられたが、朴訥な含羞の人で、その姿を通して君山先生の姿を透かし見るような気がした。

著作集・全集の類もいくつか手がけた。イギリスの保守思想家、エドマンド・バークの著作集、江戸時代の知の巨人、荻生徂徠の全集、明治のジャーナリスト・思想家、陸羯南《くがかつなん》の全集、おりからの構造主義のブームのさなか、言語学者の小林英夫の著作集、といったぐあいである。

これらの著作集・全集については、どこかで、何らかの形で触れているが、なかで『陸羯南全集』については全く触れていないと思うので、少し触れてみたい。『全集』収録の文の大半は、新聞『日本』の社説であったが、校正のためとはいえ、それを全文読んだのは、編者の植手通有さんと私くらいのものであったろう。植手さんは、陸羯南の研究者として、筑摩書房の『近代日本思想大系』の「陸羯南集」を担当編集された。もちろん『近時政論考』や『近時憲法考』などの主著は収められているのだが、巻の三分の二は「新聞・雑誌論説集」で占められている。そのユニークな編集は、全集の編者の面目躍如といったところであった。膨大な論説から何を撰ぶかにはそうとう悩まれたようで、そのことは「羯南集」の「解説」のまた後の「追記」に率直に語られている。「私は福沢諭吉や徳富蘇峰と比較しながら、羯南全集と取り組んだ」とあるのを見て、師の丸山眞男先生の「ナショナリズムとデモクラシーの綜合を意図した」羯南像の枠からそう外れてはいないように見えた。

論説からは何が選ばれるのか、私は興味津々だった。私の枠を外れた興味本位で言えば、そこには収録されていないいくつかの興味深い論説が思い浮かんだ。足尾鉱毒事件の田中正造が議員辞職し明治天皇に直訴した行為については、「日本社会には議会無視の暗流がある」と羯南は批判した(この表現、論説「帝国議会の価値――田中氏の直訴に徴して」にあったと思ったが、内容は同じでも見当たらない。どこで見たのだろう)。また大日本帝国憲法発布のさいに、東海散士が天皇だって間違えることがあるだろう、「帝王は悉く聖人に非ればば、或は一二の過誤失計なきに非るを保せんや」、その時は誰にその責任を取るのだと言った時に、羯南は「皇祖皇宗(天皇歴代の祖先)」に対してである、と答えている。そもそも欽定憲法は、天皇が皇祖皇宗に誓いを立てたところから出発し、天皇の大権は臣民に対しては無限、皇祖皇宗に対しては有限である。詭弁だと思ったが、敗戦の時の退位の論理にはなりえたかもしれない。こうした例を見ると、明治人には、天皇制ファシズム期のそれとは違う、天皇観があったように見えたりした。

『羯南全集』に収録された雑誌の論説のいくつかについては、本郷落第横丁にあったペリカン書房の主人、品川力さんの名を逸するわけにはいかない。明治期の見たこともない雑誌に掲載された文を「こんなのがあるよ」と言って持ってきてくださる。各社の「全集」編集者で彼の世話になった人は多いと思う。奇人である。冬でも半袖シャツにカウボーイハット姿で、しっかり着込んだ寒がりの私を見つけると、「南極にでも行くのか」とからかわれた。

ある日、私の隣席の編集者、高橋正衛さん(現代史の研究者で、『二・二六事件』『昭和の軍閥』の著もある)が一冊の本をもって私に話しかけてきた。彼の愛読書、『世紀の遺書』(巣鴨遺書編纂会、一九五三年)というBC級戦犯の遺書を集めた本であった。「これは植手さんの父親ではないか」。見ると、そこに香港で処刑された植手多一という人の名があった。遺書の宛先に子どもの通有の名もあり、これからの時代、学問をせよ、とあった。多一は「一即多、多即一」の華厳思想から来るものか、通有の名も意味がありそうだ。この本の復刻(講談社、一九八四年)も出たが、植手多一さんの遺書は遺族の意向により省くとあって、真っ白な頁があるのみであった。

『羯南全集』のこととなると、その刊行から約四半世紀後(二〇〇一年)に、大久保利謙先生の監修で『津田真道全集』を編集したことも思い起こされる。津田は幕府派遣の最初の留学生として、西周《あまね》とともにオランダ、ライデン大学のフィッセリング教授のもとに赴いた。その学習の成果が津田の『泰西国法論』である。もともとこの著作への解説として執筆されたのが、当時、東京大学明治新聞雑誌文庫におられた坂井雄吉さんの論稿「フィッセリングとブルンチュリ――『泰西国法論』の歴史的位置」である。この論稿は津田の『全集』とともに刊行された『津田真道――研究と伝記』に収録されている。フィッセリングの学説は、社会契約説に対抗するブルンチュリの国家有機体説を引くものであったことを実証する文である。津田がブルンチュリとすれば、羯南はどうか。彼は、今やカール・シュミットの『政治神学』で知られるド・メーストルの、おそらく日本最初の翻訳者であろう。その「主権原論」が羯南の『全集』第一巻に収録されている。羯南はその汎ヨーロッパ的な反革命思想を共有したのだろうか。津田や羯南の西欧思想との影響関係は、定かではないが、彼らはかなりの深さをもって理解している。明治思想史はなかなかむずかしい。

津田の『全集』を作るにあたって、一つの指針となったのは意外なことに藤田省三さんの本の一節であった。当時、津田の『全集』と並行して、『藤田省三著作集』を編んでいて、『天皇制国家の支配原理』にその一節があるのを見つけた。「津田は絶対主義理念型を最後までアンリアリスティックに固守したものとして我国に稀な存在であった」とあり、続けて（　）して、「伊藤（博文）や井上毅の「リアル」な共同体秩序への妥協と比較せよ」とある。確かに津田が幕府から与えられた使命は、幕府、徳川家を中心とする絶対主義国家の建設である。津田はいささかシンプルではあるが幕府中心の憲法までつくった。津田の『全集』の上巻に入っている「日本国総制度・関東領制度」がそれである。constitution を「総制度」と訳している。おそらくは日本最初の憲法草案ではなかろうか。藤田さんが津田を伊藤・井上と比較したのも、坂井雄吉さんが井上毅の専門家だったのもすべて符合してくる。藤田さんのこの一節、かつて読んだ時は全く気付かなかった。関心を抱かないものは存在しないも同然ということであろう。

話を一九七〇年代に戻して、一九七六年秋には丸山眞男『戦中と戦後の間』を出した。もっとも丸山さんの本を企画編集したのは小尾さんであり、私は実際の本造りを手伝っただけなので、この本の成り立ちについては、小尾さんの書かれた「丸山眞男『戦中と戦後の間』の編集者として」(『昨日と明日の間――編集者のノートから』幻戯書房、所収)をご覧いただきたい。ちょうど良いタイミングと思われるので、ここで一言お断りしておきたいのは、これまで私のつくった本について色々語ってきたが、丸山さんの本の場合もそうであるが、多かれ少なかれ、それは小尾さんの保護の下につくられてきたということである。小尾さんの意図に極めて忠実に、まれには意図した以上に見事につくったとはいえる。それが編集者としての私の幸運であった。

哲学者の鶴見俊輔は、語り下ろしの自伝『期待と回想』のなかで、「優れた筆者に比べると、優れた編集者はとても少ない、まれである」と言って、戦後でその名を挙げるとしたら、マンガ雑誌『ガロ』の編集長、長井勝一とみすず書房の小尾俊人だろうと言っている。小尾さんはこの評価は受け入れなかったであろう。小尾さんは、鶴見がマンガのような大衆文化を評価するのは、生れがいいから庶民コンプレックスがあるためで、自分は田舎者であるから、そのような幻想は全然ないと言っていた。小尾さんの生れについては、宮田昇『小尾俊人の戦後――みすず書房出発の頃』(二〇一六年)に詳しく描かれている。しかし、その文化的影響力の大きさ、編集力の高さからいって、この二人の戦後文化史への鶴見の位置づけは間違ってはいないであろう。

一九七二年五月、小尾さんは五十歳にしてはじめて外国へと行った。第十九回国際出版連合パリ会議へ出席のためである。それに先立って五月六日、丸山さんと会っていることが『小尾日誌』に記録されている。丸山さんは小尾さんにオックスフォードのブラックウェル書店を訪ねるよう勧めている。この時、私の記憶に誤りなければ、丸山さんは「ブラックウェルには加藤君のような店員がいて、あるテーマについて尋ねれば、それに関連する本を揃えて、それぞれの特徴について説明してくれる」と語った。よい書店にはSpecialistではないが、よいGeneralistがいる、と言っているのである。書店を出版社に置き換えれば、これがおそらく、「私が編集者になったわけ」であろう。

『戦中と戦後の間』を出して、私のみすず書房の最初の十年が過ぎた。

六　一九八〇年代以後

さきに一九六〇年代末から七〇年代初めにかけ、オリエンタリストたちの本をつくった話をした。それらの本とその著者を批判したサイードの『オリエンタリズム』の序説の最後には、不意を突かれた思いがした。サイードは『オリエンタリズム』を書くことの意味について、こう言っている。「私は自分が、西洋の反ユダヤ主義を担う、偉大な秘密の共有者の歴史を書いているということに気がついた」と。ちょっと分かりにくい表現であるが、要するに彼は、西洋の反ユダヤ主義とオリエンタリズムとは根っこは同じだ、西洋のもつ「秘密」というのはそこにある、と言っているのである。アーレントの反ユダヤ主義の歴史、それとオリエンタリストたちの著作、この二つの本をつくった私の仕事は、ねじれた繫がりではあるが、繫がっていたのだと得心して、ここに一つの完結が見えたような気がした。

一九八〇年に一冊の本が出た。それは七〇年代と八〇年代を分かつ境界線のように私には見えた。『現代史資料』別巻「索引」である。『現代史資料』は何といっても戦後日本の記念碑的出版物である。これがなければ、第一次大戦後、第二次大戦にいたる日本の危機の時代の資料をわれわれはどれだけ持ちえただろうか。それを一民間出版社が成し遂げた。「索引」の巻の「編集室より」にはその思いがつづられている。「思えば敗戦・占領とつづく社会変動のなかから、この企画は生誕したのです。五十年代の東京の古書市場に時折り出現する、戦前の警察資料への注目がはしりでした。屑紙として払い出され、仕切屋の分類と仕分けから浮び上ったガリ版や筆写物などが、特殊な注目者を期待して、出廻って来たのであります。」小尾さんの文章である。『現代史資料』は、この企画を知った古書業者の義俠にも助けられた。大学の研究室に入るより、活字になったほうがよいといって、情報を流してくれる業者もいた。

ところで全四十五巻の「索引」は「資料編集部編」となっているが、編集者・高橋正衛個人の作品である。それがいかに大変だったか、「月報」の「筆名・変名・愛称一覧表」一つとっても分かる。その本名を割り出す作業の困難は並大抵ではない。高橋さんは毎日、『官員録』を見に国会図書館に通って会社に顔を出さない時期もあった。すべての資料を横断的に年月日順に並べた「年表」もすごい。一九四五年八月十五日を見れば、勝者と敗者、対照的な国府主席兼軍事委員長・蔣介石の「放送演説」と支那派遣軍総司令官・岡村寧次の「訓示」が並んでいる。

図書館関係の雑誌から「索引作成の手記」の原稿を頼まれた高橋さん、「一人でやったとか、毎晩、人名がずらずら出てくる夢を見たなんて、恥ずかしくて書けないよ」と言っていた。それも彼らしい。記憶力抜群の人であったとはいえ、コンピューターを使わず、すべて紙のカードで、しかも一人でやったのだから、やはりすごい。

「索引」の巻を出すと、次いで『続・現代史資料』全十二巻を企画した。資料について言えば、もはやリプリントが主流の時代になっていた。資料は研究者のものであり、読者にとっての同時代の記録ではなくなりつつあった。

十二巻のなかで「アナーキズム」と「特高と思想検事」の巻を担当した。特に後者は、自ら解説も書いた。というのは、どの巻にも属さないが捨てるには忍びない資料を集めて、かなり漠然としたタイトルをつけて一巻に仕立てたので、人には頼めなかったからである。捨てるには忍びないだけあってこの巻は間違いなく面白い。

一例を挙げると、大本教の出口王仁三郎の「精神鑑定記録」二種(昭和二年)が収録されている。一つは京都大学の今村新吉教授、一つは東京大学の杉田直樹教授によるものである。鑑定結果の「被告人の叡智界には精神的異常なし」とする点は同じである。精神医学者の村上仁教授はこの鑑定書について、「(今村)先生の精神医学的な御仕事としては多くの鑑定書があり、ことに大本教の出口王仁三郎の精神状態、ことにその憑依状態についての鑑定書は非常な力作である」と言っている。政治社会学者の栗原彬さんも書評で「二つの「鑑定記録」は、一人の宗教者の内面を通して、民衆の思想の深い層が顕われて感動的である」とすら言う。

「特高と思想検事」の巻には、屈した人たちの資料も収録した。内務省警保局保安課の「転向関係綴」は、共産党の「巨頭」佐野・鍋山の転向に続く「転向の時代」の始まりを告げる資料である。また、警察のフレームアップ「横浜事件」の事件の創出を解くカギになる「相川博手記」には、胸を突かれる思いがした。この資料、コピーを許されず、少しずつ筆写しただけにその思いは強い。栗原彬さんはこの資料の書評を「思想統制は過去のことではないことをも、この書は黙示録のように私たちに語りかけてくれる」と結んでいる。

その頃の雑誌『みすず』には奥付があって、編集人・発行人・印刷人三人の名が並んでいた。その編集人は長く私の名前になっていた。たぶん発行人が小熊勇次社長の間はそうであったろう。

ベルリンの壁が崩壊する直前の一九八九年八月号の目次だけはよく覚えている。表紙はポール・アザールの『本・子ども・大人』の原書を使っている。その本については掲載の高杉一郎「文学的散歩――プロムナード・リテレル」に言及されている。アザールは「イギリスは子どもの本だけで国を再建することができるだろう」と言っているし、高杉さんはルイス・キャロルの『鏡の国のアリス』を翻訳している。イギリスの国民性は児童書によって養われる大人の国だと言っているのである。この高杉さんの大学での最終講義の他には、巻頭に市村弘正「落下する世界」を置き、他に磯野富士子「オーエン・ラティモアについて」、上村忠男「詩は絵の如く――ヴィーコ『新しい学』の世界2」を載せる。「海外文化ニュース」は、この年亡くなった二人に捧げられている。一人は動物行動学のコンラート・ローレンツで、その最後の対話「われわれは石器時代人に支配されている」を紹介している。もう一人は論理実証主義のA・J・エイヤー、彼への追悼文「言語・真理・率直」を紹介する。この目次にはこれまでの仕事の集成という充実感があったのであろう、よく覚えている。そして十一月九日、ベルリンの壁は崩壊した。

その翌年春には、バートランド・ラッセルの一種の先見性をもった書二冊、『ドイツ社会主義』(原書は一八九六年)、『ロシア共産主義』(原題は「ボルシェビズムの実践と理論」、一九二〇年)を、河合秀和さんの訳で出した。手間暇かかる本ばかり出していた私にしては緊急出版だった。訳者の解説にはこうある。「西はドイツから東はロシアにかけて、いわゆる社会主義圏に文字通り世界史的な変動が起こりつつある現在、社会主義とは何か、共産主義とは何かを改めて考える上で、この二冊が他のいかなる著作にもまして思索の助けになるだろうと、私は信じている。」

一九九〇年に小尾さんは退いた。小尾さんとともに丸山眞男さんに編集長交代のご挨拶に伺った。小尾さんがちょっと席を外した時、丸山さんは「加藤君、二代将軍は大変だよ。まず人に評価されることは絶対にないからね」とおっしゃった。まさにその通りであった。小尾さんの大きさを考えたら、それは当たり前のことであった。しかし一方では、偉大な編集長の前では物言えなかった人たちの不満を受けとめねばならないことも時にあった。なるほど、歴史はこのように動くのか、とこれも得心した。

それからは、小尾さんの遺した企画を完成するのも仕事となった。そこでは自分の企画では味わえないような体験もした。日本の前衛芸術の育ての親、瀧口修造の限りなく全集に近い『コレクション 瀧口修造』もその一つである。文字で知るばかりでは面白くないと、生身の前衛芸術家にも会うようにした。舞踏の大野一雄さんには推薦文を依頼した。あの伝説の「ラ・アルヘンチーナ頌」の舞踏家である。推薦文を書けるのを喜びとして全身で表現する大野さんには戸惑ったが、その喜びようから瀧口さんの大きさをあらためて知らされた。

『コレクション』が完結した時、監修者だった大岡信さんに「怖い小尾さんから優しい加藤さんに代わって完結しないと思った」と言われた。私もそう思っていた。完結はひとえに断簡零墨もゆるがせにしない執念の編集者、天野尊博君のおかげである。天野君は瀧口の全てを知る編集者である。彼はその後、『辻まこと全集』も編集した。おなじく辻まことの全てを知る編集者となった。

前衛芸術家と言えば、『岡本太郎の本』もつくったが、これについては別に書いた文がある（「ゆで卵とにぎり飯」、本書収録）。

同じ時期に、『下村寅太郎著作集』も刊行した。逗子の桜山のお宅にも何度かお邪魔した。帝国ホテルの設計者、フランク・ロイド・ライトの日本人の弟子が設計したというとても天井の高い建物だった。夏は涼しく、冬は寒かった。いつも話をするテーブルの脇には、卒業生たちから贈られたという高田博厚作の哲学者アランのブロンズ像が置かれていた。西田哲学から、科学史・科学哲学、ダ・ヴィンチ、ライプニッツに至るまで、その学の博さには驚嘆するが、先生が最も自負された業績はブルクハルト研究ではなかったかと思う。『ブルクハルトの世界』はヨーロッパにもない研究であり、これがヨーロッパの言葉で刊行されていれば、注目され、声価は高まり、多くの読者に恵まれたであろう、と言う時、本当に残念そうであった。

一九九六年に『続・現代史資料』が「教育(三)　御真影と教育勅語」で完結した。それを記念して雑誌『みすず』に「『現代史資料』を読む」という連載を企画し、第一回は石堂清倫先生にお願いするしかないと、東京の郊外、清瀬のお宅にお訪ねした。何度かお訪ねしたが、もう耳の遠くなっていた石堂先生から、詩人、ダヌンツィオの面白い話を聞いたりして過ごし、結局この企画は実現しなかった。石堂さんはこれらの資料が使われるには五十年かかるかな、と言っておられたが、第一巻刊行以来、その五十年もとっくに過ぎてしまった。

七　二つの展覧会

二〇〇一年に私は会社をやめた。あとはおまけの人生である。

最初に向かったのはスイスのチューリッヒである。なぜかと言えば、みすず書房での最後の数年、ジャコメッティとその友人、矢内原伊作、宇佐見英治の本造りにかかわったからである。ジャコメッティは一九〇一年の生まれ、生誕百年を記念して、チューリッヒで大回顧展が開かれていた。これ以上の規模の展覧会はこれからもなかなかないであろう。シュールレアリスト時代から始まって、年代順の展示をめぐっていくと、終わり近くになって、「Yanaihara 'Crisis'」という一室があった。矢内原の肖像画が三点(一九五六、一九五七、一九六一年)、展示されていた。解説には次のようにあった。ジャコメッティは重要な作品を生み続けるというタイプの芸術家ではなく、その人生に三度の危機があって、その最後が訪れたとき、一九五六年の秋、矢内原の肖像画の制作中にそれから脱する創造的衝動が起こったというのである。ジャコメッティはモデルとともにあって、見る者と見られる者との対話が、彼自身の生の過程であり、彼はそこに彼自身を発見する。矢内原を描くことで重い厚い背景から逃れて、カンバスの上に三次元の形象、三次元のリアリティを生み、見る者を誘った。一連の矢内原の肖像は、最期(一九六六年)まで続く道のりのはじめであった。このように読めた。壁に並ぶ縦一メートルほどの大きさの三点の矢内原像は圧倒的で、しばし目を奪われた。

退社して半月ほど経った九月十一日、アメリカ同時多発テロ事件が起こった。その夜、ニューヨークのワールド・トレード・センターに突入する飛行機の映像が繰り返し流れていた。ハンガリー動乱に写真の時代を見たように、同時多発テロ事件にテレビの時代を見た。

翌日、目を覚まして、さてこれからどこに行こうかと考えた。私は上野の国立西洋美術館へと向かった。そこでは「アメリカン・ヒロイズム展」が開催されていた(二〇〇一年八月七日―十月十四日)。これからアメリカン・ヒロイズムは必ず高まるであろうと思った。

この展覧会は一九九五年、村山富市首相が渡米した際、クリントン大統領によって約束され、サンフランシスコ講和条約締結五十周年を記念するものであった。なかなかユニークな興味深い展覧会であったが、全く評判にならず、観客は私の他にいたか、いなかったか。それくらい会場は閑散としていた。

第一部、「歴史画における英雄」では、『ピルグリム・ファーザーズの船出』『独立宣言』などの歴史的場面が描かれていた。第二部は「アメリカにおける英雄的風景」と題されていた。英雄的風景などというものがあるのだろうか。最初にあったのは、一枚の何の変哲もない風景画であった。遠くに山の見える水辺の村に二、三の村人の働いているのが見える。画家の名はフレデリック・エドウィン・チャーチ、タイトルは『ウェスト・ロック、ニュー・ヘイヴン』。この地名を聞いてどのような土地か分かる日本人は少ないであろう。「解説」によると、この地は、イギリスのピューリタン革命で国王チャールズ一世を処刑した人々が、国王派からの復讐を逃れるために隠れ住んだ場所であった。アメリカ植民地の地元の人々は、この「国王殺し」たちをかくまい、助けた。それゆえ、この風景画は新大陸アメリカにおける民主主義の闘いの長い歴史を想起させる英雄的風景なのだそうである。あまりにも普通で、あまりにも平和で、アルカーイダの潜む山奥の風景とも変わらず、しばしたたずんで見入った。

それから二十年、幻の東京オリンピックの年に生まれた私は、某大臣の言う呪われたオリンピックの年に傘寿を迎えることとなった。新型コロナ・ウィルスが猛威をふるう世界で、外出を自粛し、コンピューターに向かって、心に浮かぶよしなしごとを、そこはかとなく書きつけた。

ンディであった。

もっとも、その追悼会での圧巻は、渡辺一民教授による一九六九年の学生反乱に際して、時の責任者、立教大学文学部長代理として、松浦さんがいかにその職責を果たされたかについてのスピーチ、というよりちょっとした講演であった。松浦さんはまさに立教大学文学部を救った人である。それは大学と反乱学生とが合意に達した、全国でも極めてまれな例であったといえる。その反乱から二年後の一九七一年に、トレヴェリアンの第一巻は刊行された。ということは、翻訳の仕事は、学生反乱のさなかにも続けられていたであろう。

よく松浦さんは「英学の徒」と自称されたが、それがまたよく似合った。祖父はキリスト者の巌本善治、その妻の若松賤子《しずこ》はフェリス女学院の教師であり、バーネットの『小公子』『小公女』の翻訳で一世を風靡した。

しかし、松浦さんが「英学の徒」として最も影響を受けたのは父、松浦嘉一である。旧制高校の英語教師であり、ジョン・ダンの専門家であり、アリストテレスの『詩学』(岩波文庫)の翻訳者でもあった。松浦さんの「英学事始」は旧制中学四、五年生の頃、父の著書『英国を視る――一九三〇年代の西洋事情』(一九四〇年)の校正をしながら、日英両国の君主制の違いを強く意識した時に始まる。

戦争から復員して新制大学の学生となって、父から与えられた仕事は、そのころ父が訳してい追悼文を掲げよう。翻訳家の翻訳家へ捧げる文である。

「私は生前の野沢協氏に限りない敬愛を抱いていました。お便りで、私の著書の一部が野沢氏のあの「厳密で緻密な著述群」と並んで机上にあると承り、このことだけで私は身に余る晴れやかな気持ちになります。私は彼の翻訳文体を斜めに眺めながら、それを手抜きの秘術で、ズル賢く無造作に崩して行ったという自分の実感です。」

これがその全文である。

松浦高嶺（まつうら・たかね　一九二三―二〇一〇）

ダンディである。トレヴェリアンの『イギリス社会史』の訳者として出会った最初の印象は「英国紳士」である。海賊がご専門の別枝達夫先生や、R・H・トーニー『宗教と資本主義の興隆』（岩波文庫）の翻訳者、越智武臣先生、当時のイギリス史の先生方に共通する雰囲気である。アルビオン・クラブの香りと言ってもよいか。別枝先生のように嗅ぎ煙草というものを愛好する人を初めて見たが（その後も見ない）、いかにも紳士らしいしぐさである。越智先生の加茂川沿いの居宅も京都なのになぜか英国なのである。先入観というものだろうか。二〇一〇年の秋、立教大学で松浦さんの追悼会が催されたとき、女性のスピーカーが「ときめいた」と告白するほどのダ

Ⅱ　出会った人のこと

たジョン・ロック『政府二論』の第二論文「市民政府の真の起源・限界・目的に関する論文」の下訳であった。「青二才の力量をはるかに超える大仕事だったのだが、英国型民主主義のロックの文章の一語一語をつうじて探索できたことは、自己の思想形成にとってまたとない重要な経験となった」と後に回想している。翻訳には原文のより深い理解へと誘うような効用もある。松浦さんの話では、父は敗戦直後、進駐軍に呼ばれて行ったがすぐ帰されてきた、たぶん聞いたり、話したりするには役に立たない英語だったのだろう、と笑っておられた。

ともあれ、トレヴェリアン『イギリス社会史』の第二巻が出るのは一九八三年、完結まで十二年を要する長丁場の仕事となった。「あとがき」にも諸般の事情で遅れたとあるが、文学部長として並々ならぬ諸般の事情(〇助教授事件と言ってももはやご存じの方もいないだろう)に直面したことは傍らから見ていても、編集者に同情は禁物と言われても、同情を禁じ得ないものがあった。松浦さんは立教大学文学部を二度救ったと言ってもいい。

第二巻が出るまでの間、私は手をこまぬいていたわけでもなく、一方でトレヴェリアン『イギリス史』全三巻を、一九七三年から七五年まで毎年一冊ずつ刊行しているし、七八年には同じ著者の『イングランド革命』も松村赳訳で出している。どっぷりトレヴェリアン漬けの日々であった。とはいえ、トレヴェリアンの正統的なホイッグ史観は既に批判にさらされていた。ホブズボームに「全体史」の立場からすれば「(政治史を除外した)残余史としての社会史」と悪口を言われようと、イギリス史の詩人と言われる人の傑作はなんとか完結させねばならない。共訳者に東京女子大の今井宏さんをお願いした。他にジョンソン博士時代のイングランドは中野好之氏に、ヴィクトリア朝は村岡健次氏にその訳を手伝っていただいた。

時に催促のために麻布の国際文化会館にお訪ねした。そこには外国からの宿泊客の学者・研究者のために、辞書・参考書の揃った図書室があり、松浦さんはそこを仕事場としていた。私のひがみか、そこでは山川出版社の『世界史大年表』の仕事の方が優先されているように感じられた。それでも図書室から席を移し、今井宏さんも一緒に庭を眺めながら、飲むビールはおいしかった。ほぼ原稿も完成した時に飲んだビールは格別においしかった。その時、今井さんが最近みすず書房から出た『続・現代史資料』第六巻「軍事警察」に、「ゴー・ストップ事件」の資料が入っているだろうと言われた。昭和八年、大阪で兵士の信号無視から発して、軍と警察の対立に発展し、軍部の横暴が顕著になった象徴的事件である。今井さんの父は、時の大阪府警察部長・粟屋仙吉の下にいたらしい。それで徴兵され戦地に飛ばされた、東条英機は執念深いとの話であった。そういえば今井さんは大阪府出身であった。二人の「英学の徒」には、それぞれの戦時体験があった。

イギリス史の詩人の書物が詩的香気に満ちた日本語になったについては、ダンディな松浦さんのおかげであったと思う。

翻訳者素描

はじめは「翻訳者列伝」を書かないかと勧められた。たしかに日本の文化は翻訳書によって支えられてきた。ということは翻訳者たちによって支えられてきたということだ。しかも戦後、二十世紀後半の翻訳文化の中心にはみすず書房があった。それでも「列伝」は荷が重い。これは私が接した翻訳者たちの、またその中のわずかな人々の肖像画とも言えない素描にすぎない。「列伝」にはほど遠いものではあるが、翻訳者たちに捧げるささやかなオマージュと受け取っていただきたい。

大久保和郎（おおくぼ・かずお　一九二三―一九七五）

大久保和郎さんの家は、我が家のすぐ近くだった。小田急線の千歳船橋駅を降りてしばらく行って左すれば我が家、そのまま真っすぐ行って、畑を越えて右すれば大久保さんの家である。大久保さんの家は、日本一のおばあちゃん女優といわれた北林谷栄《きたばやしたにえ》さんの持ち家で、二軒並んだ左が北林さん、右が大久保さんの家だった。玄関の前庭には白樺の木が植わっていて、まるで新劇の舞台装置みたいだった。

大久保さんは翻訳家としては既に抄訳も含めて、『赤と黒』『レ・ミゼラブル』『モンテ・クリスト伯』等々があったが、みすず書房からはツヴァイクの『運命の賭』(一九五一年)など、ドイツの小説を訳していた。それが一九六〇年代に入ると、マリアンネ・ウェーバーの『マックス・ウェーバー』(一九六三―六五年)、ハンナ・アーレント『イェルサレムのアイヒマン』(一九六九年)、『全体主義の起原』(一九七二―七四年)、カール・シュミット『政治的ロマン主義』(一九七〇年)というように、十年くらいの間に次々と、みすず書房の出版の核をなす本、というより二十世紀を代表する本のいくつかを訳してみすず書房から出した。訳されてから半世紀、二十一世紀になってますます広く読まれている奇跡のような書物群である。

大久保さんは、みすず書房の創業者、小尾俊人を最も早くから知る人の一人で、知り合って間もない頃、みすず書房にとってとても大事な著者、ロマン・ロランを批判的に論ずる文章を書いて物議をかもした。そのことは小尾さんの遺した一九五一年の日記(宮田昇『小尾俊人の戦後』所収)でも触れられている。その文章の中身は知らないが、想像はつく。大久保さんはロラン信奉保さんと大島さんの共訳の形になった。大島さんを大久保さんの家で初めて紹介されたときのことは、鮮明に覚えている。午後も遅く、淡い光のもとで座っておられる大島さんは、穏やかだが厳しい方のように見受けられた。そしてその第一印象の正しかったことは、仕事の過程でやがて分かる。のちにミヒャエル・エンデの『モモ』の翻訳をはじめ、翻訳家で知られる大島さんだが、翻訳家修行の第一歩は大久保さんのもとで踏み出されたのである。

大久保さんの義弟は、ポーランド史の専門家、阪東宏さんであった。『全体主義の起原』の翻訳に東ヨーロッパの歴史の知識は不可欠で、まだまだそうした知識の蓄積が乏しかった当時の日本で、義弟の助力は貴重だったろう。ただハンガリー事件の時か、「プラハの春」の時か、阪東さんはソ連軍の介入を支持したと言って、大久保さんはたいそうご不満であった。

夫人の話では、大久保さんはみすずの仕事をしている時がいちばんうれしそうだった、という。翻訳家は、さまざまの辞書を自前で集めて身辺に備えなければならない。一冊の辞書で間に合うわけはなく、これは全部必要なんだと言いながら、辞書に囲まれて大久保さんは幸せそうであった。そこには十何巻かのグリム兄弟の『ドイツ語辞典』まであったと思う。

確かに、みすず書房の本の翻訳をしている時、大久保さんは翻訳者の使命というものを感じているように見えた。訳書は残るが、訳者の名は残らない。『マックス・ウェーバー』の「訳者あとがき」にはこうある。「この本が単に社会科学の専攻者に読まれるだけではなく、より広汎な読者層に迎えられることを希望している。すべての読者はそれぞれの関心に応じて多くの富をこの書物から得られるにちがいない。」確かにその後、大久保さんが訳したアーレントも、シュミットも、訳者の望んだとおりに、専門家の枠を超え、ジャンルを超えて読者に受容されていった。翻訳書が広がりをもち、その力を発揮していくのを眼にすると、編集者にはその本の翻訳者の姿もまざまざとよみがえってくる。彼らは翻訳書のなかに編集者とともに生きている。

その日は突然やって来た。一九七五年一月二十日、寒い日であった。大久保さんが亡くなった。大島さんからの一報を受けて、自宅に近い世田谷中央病院に駆けつけた。こぢんまりした病室は、夫人と大島さんと私と三人が入ると満員という感じであった。五十一歳、あまりにも早い死であった。ましてや二週間ほど前、新年のご挨拶に伺ったときは、高校を終えたお嬢さんがパリのコンセルヴァトワールへの留学が決まったと言って、喜んでおられたのに。

あれから半世紀近い歳月が流れた。お嬢さんはその後、ヴァイオリニストとしてヨーロッパのオーケストラで活躍していると聞いた。

大久保和郎さんは一度も外国に行ったことはなかった。

付けたし　大島かおり・通義夫妻のドイツ留学時の隣家の息子、ヴォルフガング・ザイフェルトは、のちにハイデルベルク大学の同僚シャモニとともに、丸山眞男の『日本の思想』のドイツ語訳(*Denken in Japan*)を出すことになった。

いした。見事なものである。保守主義のバイブルとされる書物の著者の思想が、これまでのイデオロギー過剰の日本にいかに必要かを熱く語っている。そこには革新陣営に属する父への批評も含まれていたに違いない。

「内容見本」には、同じく十八世紀イギリスに大きな関心を持つ者としてのかつての家庭教師、朱牟田夏雄氏の推薦文も添えられた。『著作集』で、好之氏は『フランス革命の省察』を除いて、バークの著作の大半を訳した。みすずの著作集で出せなかった部分は、のちに法政大学出版局から出版され、『フランス革命についての省察』も岩波文庫で訳しているので、バークのすべてを一人で訳したと言ってよい。考えてみれば、家庭教師の西川正身はトマス・ペインの『人間の権利』の訳者でもある。この書はバークの『フランス革命についての省察』に反駁するテクストであり、セットで教科書になっていたりする例もあるくらいである。不思議な師弟の縁である。

翻訳の仕事の合間の話も楽しかった。談論風発というのはこういうものかと思うくらいで、日本に最初にバークを紹介した人物、金子堅太郎について、皇国史観の平泉澄のエドマンド・バーク研究について、どれも何か浮世離れした感のある話だったが、好之氏の議論の背景には、忘れられた思想で時代を鋭く撃つような批判精神にみなぎっているのが感じられた。そして好之氏はそうした談論の席についてもこだわりがあって、上野の鱧《はも》の店だったり、和泉多摩川の川魚料理の店だったりした。

岩波書店での仕事について聞いたことがある。彼自身、若き日にスピノザを専門にしようと考えたこともあり、畠中尚志のスピノザの訳業に多大の敬意を払っていることが分かった。その全ては岩波文庫に収録されている。

エドマンド・バークの次は何か。日本の英学は既に百年を超える歴史をもっている。そこで欠けているものは何か。それはボズウェル『サミュエル・ジョンソン伝』の全訳であろうということになり、それへの挑戦が始まった。はじめ好之氏はためらっているようにも見えた。私の知識と言えば、イギリス文人の典型としてのジョンソン博士、そしてボズウェルによるその伝記は伝記文学の傑作といった程度である。ジョンソン博士の警句、「愛国心は無頼漢たちの最後の避難所」とか、「地獄への道は善意で敷き詰められている」とかは、イギリスの成熟した英知の結晶と知る程度で、翻訳については気楽に考えていた。しかし、それは甘かった。全訳されなかったについてはそれなりの理由があった。「よく生きられた人生(life)がまれなように、よく書かれた伝記(life)もまれである」と言われるように、この伝記は、十八世紀イギリスを背景に、ジョンソン博士の政治・宗教・教育・社会に対する意見の全てを記録していた。その記録は「ボズウェル流(Boswellian)」と呼ばれる形容詞になるくらい忠実で、『十八世紀イギリス思想史』の訳者をもってしても、生半可な知識では歯が立たないことが分かった。

そこで登場したのが慶應義塾大学の海保眞夫教授である。岩波少年文庫の『宝島』『ロビンソン・クルーソー』の新訳も手がけられた教授の十八世紀イギリスに関する該博な知識には驚嘆した。土井晩翠の遺産相続人でもあった好之氏にとって、イギリスの転換期の諸問題へのジョンソン博士の言及、とりわけ相続・著作権等については、強い関心を抱くところで、そうした財産をめぐる諸問題についての訳注は異例に詳しい。これらはすべて海保教授のおかげである。その教授も二〇〇三年、『ロビンソン・クルーソー』の完訳まぎわに急逝された。

好之氏の『ジョンソン伝』の内容理解の深さは意外なところに示されている。書物の頁には柱と呼ばれるものが付けられていて、本文の欄外に各章の章名などが小さな活字で組まれているものである。しかし日本語訳で全三巻千五百頁に及ぶこの伝記には、全巻を通じて章の区分けなどはない。そこで、好之氏は偶数頁の柱に、その頁の前後の内容についての小見出しに当たるものを付したのである。この類のない試みに気づく読者も少ない(何人かはおられた)と思われるので、ここに一言付け加えておく。

訳者と私、二人の(と言ってもいいであろう)関心は、伝記の主人公と同じくらい伝記の作家、ボズウェルにも向けられた。ボズウェルが興味深い人物であるとの発見は、比較的近年のことに属する。このスコットランドのアフレックの領主であった貴族は、文士のごとき卑しき者に付き従う情けない人物と地元あるいは一族の間ではみなされていた。それが近年の価値の転換とともに真逆の評価がなされるようになったのである。彼は、『ジョンソン伝』ばかりでなく、彼自身の私生活をも赤裸々に告白した膨大な日記を遺した。個性ある近代人であったのである。その遺した文書は、歴史家ローレンス・ストーンの名著『家族・性・結婚の社会史――一五〇〇―一八〇〇年のイギリス』(勁草書房)にも多くの材料を提供している。とくにその第十一章「ジェントルマン階層の性行動――ピープスとボズウェル」ではふんだんに使用されている。ボズウェル文書を散逸・消滅の危機から救った人々の物語は、『アフレックの宝』といった本に書かれており、実にスリリングである。最初の発見は、地元のパン屋の包み紙に使われている日記の切れ端の面白さに気付いた人間がいたことに始まる。紙くずとして処理される運命を免れたボズウェル文書は、いまイェール大学に所蔵されている。

好之氏は何度かアフレックのボズウェル協会の年次総会に出席されているはずである。その際、私のことも会員登録してくださったので、しばらくの間、ちょっと素朴なつくりの年次総会とその後の晩餐会への招請状が送られてきた。それも会費が切れたのか、しばらく前に途絶えた。後年、この名簿にある日本人は誰だろう、"Who is Kato?"と話題になるのを想像すると楽しい。

最近、好之氏からいただいたハガキの末にはこうある。「学兄のお世話で表面的に学者面が通せました！　化けの皮が、はがれて行くのを感じながら。」そのようなことはないのだが、本人は心底そう思っている。

最後に、『ピエール・ベール著作集』(法政大学出版局)を一人で翻訳した野沢協氏への好之氏の

小林英夫（こばやし・ひでお　一九〇三―一九七八）

ソシュールの『一般言語学講義』の世界最初の外国語訳は、一九二八年の日本語訳である。二十世紀後半の思想に大きな影響を与えたこの書物が世界に先駆けて訳されたことは、日本の翻訳文化の水準の高さを示すものとして記憶されてよい。その訳者が、東京帝国大学言語学科を卒業したばかりの小林英夫であった。その翌年には京城帝国大学に赴任し、ソシュールに批判的な国語・国文学科の時枝誠記と同僚となる。

小林英夫の清瀬の家を訪ねたのは一九七〇年代前半のことである。『小林英夫著作集』を企画していた三省堂が事情あって断念したのを、みすず書房が引き受けたのである。それゆえに、この『著作集』はみすず書房には珍しく、三省堂印刷八王子工場による印刷である。

そのようなこともあって、企画がほぼ仕上がって、刷るばかりになってから現れた編集者に、小林さんは少し戸惑ったようであった。それが変わったなと思える瞬間があった。Semantics（意味論）の新分野を開拓したミシェル・ブレアルに話が及んで、私が「ロマン・ロランの義父ですね」と言った時である。小林さんはパッと起ち上がって、何やら調べに行って、戻ってくると「ほんとだ」とポツリ。ロマン・ロランの出版社の編集者であったことが幸いした。ついでに、ブレアルは娘婿が立派な音楽学者になると思ったのに、小説など書き始めたのでがっかりしたという話も付け加えておいた。

「加藤君は分かっている」などと人には漏らしていたようだが、そんなことは全然なかった。ただ、それからはいろいろな話を聞く機会に恵まれた。

私がかかわった小林さんの翻訳書には、カール・フォスラーの『言語美学』と『二〇世紀言語学論集』がある(ともに出版は小林さんの死後の刊行である。その他にみすず書房からはアンリ・フレエ『誤用の文法』が刊行されている)。言語美学・文体論は小林さんの専門でもあり、フォスラーには並み並みならぬ敬意を払っていることが感じられた。ドイツを代表するロマンス語学者(ロマニスト)であり、ベネデット・クローチェに私淑して五十年にわたって往復書簡を交わしたこと、おかげでクローチェはほとんど全てドイツ語に訳されていること、クローチェのダンテ『神曲』論は素晴らしいこと、小林さんの話はいつも全く未知の世界を開いて見せてくれたものである。ついでにもう一人、小林さんの尊敬したオーストリアの代表的なロマニスト、レオ・シュピッツァーがナチに追われ、アメリカのジョンズ・ホプキンズ大学に移って程度が低くて戸惑う話も面白かった。みすず書房から出た『亡命の現代史』シリーズの第五巻にある「アメリカにおける二人のロマニスト――シュピッツァーとアウエルバッハ」にはその辺のことがとても興味深く書かれている。小林さんに言わせれば、彼らは天才であり、言っていることがよく分たのが好之である。それが不和の淵源をもなすのであるが、そのことに今は触れない。晩翠は英語からの重訳であろうが、ホメーロスの『イーリアス』『オヂュッセーア』の名訳でも知られている。こうして見ると、英学者の一家として、三代にわたり、踊る相手を変えつつ翻訳のロンドを踊り続けているのを見るような気がする。好之のやや古風に見える文体も、十八世紀英国の文章の影響というばかりでなく、祖父の格調も継いだのかもしれない。

好之氏とは、『エドマンド・バーク著作集』の企画で、他の訳者、半澤孝麿、佐々木武の両氏とともに会ったのが最初である。その時すでにカッシーラーの『啓蒙主義の哲学』、レズリー・スティーヴンの『十八世紀イギリス思想史』の訳業があった。

カッシーラーの書は、既に乗り越えられた思想とされた啓蒙主義を、果たしてそうなのか、と問い直し、十八世紀啓蒙主義の「明るい鏡」を現代批判の鏡と位置づけた書である。好之氏の訳業は、その後も一貫してその道を進んだと言ってよい。

レズリー・スティーヴンもその路線上にあった。この書については、漱石の『文学評論』の最初の章で紹介され、その著者は『英国人名辞典』(*Dictionary of National Biography*)の編集主幹であり、ヴァージニア・ウルフの父であり、『灯台へ』のラムゼイ博士は娘から見たその父親像であることを、私はその時初めて知る有様であった。好之氏は岩波書店の編集・宣伝の仕事もされていたので、無知な私に代わって『エドマンド・バーク著作集』の「刊行のことば」の執筆もお願

中野好之（なかの・よしゆき 一九三一―）

中野好之は、英文学者・中野好夫の息子である。東大教授であった父・好夫は、自分の同僚の朱牟田夏雄を息子・好之の家庭教師にした。朱牟田は、十八世紀英文学の専門家、ローレンス・スターンの『トリストラム・シャンディ』、ジョージ・メレディスの『エゴイスト』、フィールディングの『トム・ジョウンズ』の翻訳者である。その朱牟田と、聞けば確かもう一人、チャールズ・ラムやトマス・ペインの訳者、アメリカ文学の西川正身を家庭教師にしたというのだからすごい。

好夫は晩年、ギボン『ローマ帝国衰亡史』の翻訳にとりかかった。だが業半ばにして逝ってしまった。その後を継いで訳したのが朱牟田である。しかし朱牟田も二年ほどして亡くなり、またその後を継いだのが好之である。いわば家庭教師とその生徒で完成させたのである。おまけに好之は『衰亡史』完結の直後に、『ギボン自伝』（ちくま学芸文庫）も翻訳刊行している。といえば、親孝行の見本、好夫と好之は仲がよさそうに見えるが、全く逆で、一時義絶していたこともあったくらいである。深層の心理までは分からないが、表面はそうである。

中野好夫は、文化勲章も受章した詩人・英文学者の土井晩翠の娘と結婚した。その間に生まれ

からないところもあるので、分かるように伝えるのが自分たち凡才の役割なのだそうである。

二人のロマニストに劣らず、小林さんもイタリアびいきであった。最も愛用した百科事典は哲学者、ジェンティーレが編集長となって世界一流の執筆者を結集した『イタリアーナ』であり、何かといえばこれで調べ、「さすがムッソリーニはジャーナリストだ」と褒めていた。もう一つファシスト時代の成果として認めていたのは、国定版『ガリレオ・ガリレイ全集』である。神田のイタリア書房で見た現物は、革装の大きくて立派な本であった。

小林さんのイタリア語の翻訳と言えば、NHK編『オペラ対訳選書』のいくつかがある。一九五〇年代から一九七〇年代にかけて、八回にわたって、「NHKイタリア歌劇団公演」というのが行われたのだが、オペラ十字軍の上陸と言われるほど、日本の音楽史・放送史における画期的事件であった。小林さんは第五回あたりから毎回その公演の演目の一つを訳していた。『ドンジョヴァンニ』『シモン・ボッカネグラ』『アイーダ』『セビリアの理髪師』『ドン・カルロ』という具合に、この歴史的快挙に翻訳の形で参加していたのである。横浜の港に着いた大道具・小道具・衣装を見に行くのだ、とはりきって楽しそうにしていた。オペラのセリフはちょっと古い言葉なので、何を指すのか現物で確かめねばならない場合があるとのことであった。

『著作集』が終わって、小林さんの詩集をつくった。『淡彩詩編』というフランス装のとてもしゃれた本である。こちらはおまけのようなつもりであったが、とてもそのようなものではなかった。「はしがき」にこうある。「技の巧拙、形式の新旧は、問わない。とにかく詩というジャンルは、私の成長にとって、またいのちにとって、本質的な意味をもっている。私の体得したアルス・ポエティカは、直接には外国文学やオペラの訳出などに、間接には私のすべての文業に、大いに役立っている」と。

そのアルス・ポエティカの生きた証拠を、小林さんの最後の翻訳、ルイス・デ・カモンイスの『ウズ・ルジアダス(ルシタニアの人びと)』(岩波書店)に見ることができる。ポルトガル語の専門家の池上岑夫さんと岡村多希子さんとの共訳である。マカオの中心部にはカモンイス広場があるが、それはこのポルトガルの国民叙事詩の作者にちなんで名づけられたものである。この長編がインドのゴアからこの地に流されてきた詩人によって書き始められ、その時、マカオが世界文学史上の名所となったことを記念するものである。カモンイスについては、新村出の「南風――極東流竄の詩人カモエンスを憶ふ」という美しい文がある。ヴァスコ・ダ・ガマの航海を描いたこの一大叙事詩はラテン語ではなく、ルシタニア(ポルトガルの古名)語で書かれた。数奇な運命をたどった詩人は多いが、カモンイスほどのものはいないであろう。詩人は詩才にも恵まれたが、武勇にもすぐれ何度も命を落としかけており、戦闘で片眼を失っている。

この日本語訳も、詩人の生涯ほどではないが、数奇な運命をたどっている。小林さんの母は日本婦人海外協会を設立した人で、ある日、ポルトガル公使館に援助を要請しに訪れ断られたが、この本を渡され、それをまた小林少年に託したというのである。小林さんにすれば、翻訳を終えて母との約束を果たした気分であったかもしれない。その翻訳書の刊行は、小林さんが亡くなられて間もない二週間の後であった。

石上良平(いしがみ・りょうへい 一九一三―一九八二)

石上良平さんとみすず書房との縁は古い。J・S・ミル『学問の理想』は一九四八年、ハロルド・ラスキ『ヨーロッパ自由主義の発達』は一九五一年に、石上さんの訳で、みすず書房から刊行されている。一九七〇年代の初めになって、ダントレーヴの『国家とは何か』の翻訳を出すということで、私が石上さんを訪ねることになると、先輩編集者がくれぐれも粗相のないようにと忠告してくれた。そんなに気難しい方なのかと心配したが、杞憂であった。それは、石上さんの訳業のリスト、そのなかでもE・H・カー『カール・マルクス』、グレーアム・ウォーラス『政治における人間性』、エメリ・ネフ『カーライルとミル――ヴィクトリア朝思想研究序説』には惹かれるものがあり、うち何点かは読んで敬意と親近感を抱いていて、初対面の緊張感を抱かないですんだせいであったかもしれない。

石上さんは、意外なことに法学部ではなく、東京帝国大学経済学部の出身で、河合栄治郎の門下である。コミュニズムにも、ファシズムにも厳しい批判の姿勢を崩さなかった恩師、河合栄治郎を考えれば、この著作の翻訳リストも納得できる。石上さんのみずから出した最初の翻訳、ミル『学問の理想』という著作はミルにはないので調べたところ、「聖アンドルーズ講演」(Inaugural Address delivered to the University of St. Andrews)の翻訳で、内容は「リベラル・エヂュケイション」の問題を扱い「大学教育の理想」といったものであった。河合栄治郎教授の蔵書の中にあったのを訳したのである。いかにも『学生叢書』(日本評論社)――「学生と生活」「学生と読書」など、戦前よく売れた――の編者、河合教授の蔵書である。

石上さんは戦後まもなく恩師の晩年の遺稿・日記を集めて『唯一筋の路』という本を編集した。一九四八年に日本評論社から出たのだが、粗末な仙花紙に印刷された文字は今では読むのが難しく、背文字の書名も読み取れない。その本の「解説」に、二・二六事件の日(一九三六年)の恩師の様子が描かれている。「君たちはこの事件をどう思うか」と尋ねられて、はっきり答えられないでいると、大いに叱られた。事件に対する激怒の面持ちはものすごかったというのである。この精神を受け継いで、石上さんは、イギリス社会思想史の研究者として、翻訳者として活躍されたのだと言える。

その石上さんの訳業の最後にあるのが、ダントレーヴ『国家とは何か』である。当時、ダントレーヴというと、日本では久保正幡訳の『自然法』で知られていた。

者の説教臭が鼻につくと言っていた。これについては、小尾さんも後のちまで不満を漏らしていたし、大久保さんも譲る気はなさそうだった。それでも大久保さんは、小尾さんが初期の頃のロマン・ロランのような文学書の出版から、よく社会科学を勉強してこれだけの本を翻訳して出した、と非常にその勉強ぶりを称賛していた。それは大久保さん自身についても言えることかもしれない。

とはいえ、みすず書房の翻訳で食べられるわけもなく、生活のためには、ボワロ&ナルスジャックのようなフランス語の推理小説を訳していた。その創元推理文庫の担当編集者が夫人であった。

そもそも彼が翻訳者として出発したのは、どのような経緯があったのであろう。今となっては確かめようもないが、聞く話では、彼の母親はアテネ・フランセの教師の八木さわ子という女性だったそうである。ドーデの『月曜物語』の訳注本を白水社から出しているが、大久保さん自身も同じ本を訳して旺文社文庫から出している。母親への記念のためではなかろうか。そう思って、その旺文社文庫をAmazonで百円ちょっとで取り寄せてみたが、訳者の「解説」の冒頭に八木さわ子訳のドーデ『プチ・ショウズ（ちび君）』（岩波文庫）の一節を引用しているところに、その痕跡を留めるのみであった。

大久保さんは獨逸学協会学校（獨協）の出身で慶應義塾大学の文学部を中退している。アーレントの『全体主義の起原』を訳しているときに聞いた話では、獨協の中学生の頃、ヒトラーユーゲントの学校訪問ということがあったそうである。彼自身はフランス語教師の母親の影響か、ドーデの「最後の授業」の影響かは分からないが、ナチズムに反感を抱くなかなか早熟な少年であったようである。この話を聞いて調べたら、獨協の関係者で当時のことを資料を駆使して詳細に書いている人がいることが分かった。その論文を読むとなかなか興味深い。この出来事は戦後は一部の人に学園史の汚点と考えられていたようである。大久保さんにとって、『全体主義の起原』は過去の話ではなく、同時代の話であったのである。

その『全体主義の起原』の翻訳には二人の女性が関わっている。一人は掛川トミ子さん。丸山眞男先生に近い存在で、ハーバード大学でR・N・ベラーのもとで学んで帰ってから、この本の翻訳をみすず書房に強力に勧めている。このことは最近刊行された『小尾俊人日誌　一九六五―一九八五』で分かる。当初は第三巻の「全体主義」をご自身で訳し、解説も書く予定だった。初版第一巻の大久保さんの「訳者あとがき」(新しい版では見られないが)には、「久しくこの特異な思想家に親しんで来られた掛川女史の所論を期待したい」と書かれているが、それが書かれることはなかったし、読者が読む機会もなかった。

もう一人の女性は、大久保夫人の東京女子大学時代の同級生、大島かおりさんである。第二巻「帝国主義」の訳は、ナチ財政の専門家である大島通義氏と夫妻での共訳であり、第三巻は大久少し横道に入るが、『自然法』の訳者の久保正幡先生はローマ法学者であるが、その息子さんの久保敦彦さんは国際法で文化財取引を専門としていた。考古学の遺跡巡りを趣味とする彼とは、ある財団の仕事でトルコのアナトリア地方を一緒に旅したことがある。日本のアナトリア考古学研究所の車で各地の発掘を見学したりしたのだが、知識豊富な久保さんはいいが、無知な私には少し居心地の悪い思いもした旅であった。彼は今時珍しい天皇制廃止論者であった。その理由は税金の無駄遣いであるというのである。また父親の「サリカ法典」の研究にも何の役に立つのかと批判的であった。ユニークな青年のような人であった。旅から一年余りの後に、父親の後を追うように、膵臓がんで亡くなられた。

とにかく、日本では現代自然法理論の一派の代表者とされるダントレーヴではあるが、それは少し違う、『国家とは何か』に惹かれ、そのマキャヴェリ思想の理解に興味を抱いた石上さんは、日本のダントレーヴ解釈を少しは変えようと、自らその翻訳紹介を試みるに至ったのである。その「解説」には、「著者が一九〇二年生まれのイタリア人であることを、読者は本書を読むに際して常に念頭におかれるがよいと思う」と記されている。これが何を意味するか、彼が生きたイタリアの歴史を思い起こせという意味であろうが、石上さんも一九一三年生まれの日本人、二・二六事件の時、学生であったことを意識しながら、この本を翻訳されたことと思う。

このダントレーヴの訳書が出た翌年、アーレントの『暴力について』の訳がみすず書房から刊行された。そこでは、ダントレーヴの『国家とは何か』を重要な著書と呼んで、「彼は私の知るかぎり、暴力と権力とを区別することの重要性を心得ている唯一人の著述家である。」と言っている。「政治理論序説」との副題のある本書は三部で構成され、それぞれ、実力、権力、権威となっていることからも、アーレントの言う意味が分かる。

本書の出た一九七二年は、私もなかなか忙しく、よく働いた年であった。一月には大森元吉さんたちの訳したエヴァンス＝プリッチャードの『アフリカの伝統的政治大系』を出したが、これもなかなか大変であった。二月にはカール・シュミットの『現代議会主義の精神史的地位』を出したが、これはさらに大変なことになった。七月にはアーレント『全体主義の起原』の第一巻を、十二月には第二巻を出している。これらの間にダントレーヴの書を出すわけであるが、鋭利な刃物のような切れ味の書物群のなかにあって、この書物の刊行はちょっとした救いでもあった。それは本書の序文で著者自ら言うように「古いブランデーのように、古典を舌のまわりに転がして味わう」ダントレーヴの学風によるものであろう。そこにイタリア人を感じた。

翌七三年には、『荻生徂徠全集』第一巻を出しているのだが、そのことを石上さんの前でも話題にしたことがあったのかもしれない。ある時、石上さんは白柳秀湖の『民族日本歴史』(千倉書房)の一冊を持ってこられて、こんなことが書いてあるよ、と示された。全集の内容見本にも採録された次の文章である。「徳川氏以降の日本思想史は、徂徠に精通し福沢に暁達すれば、その間はたしかに飛び越してさしつかえない。少なくとも日本生粋の思想史を学ぼうとするならばそれで沢山だ。」この一文は、丸山眞男氏によれば小尾俊人から教えられたとあるが、もとはと言えば、石上さんから私を通じて小尾さんに伝えられたものである。言う必要のないことかもしれないが、石上さんのために一言いっておきたかった。

私は知らなかったのだが、石上さんは晩年、頭部の激痛に悩まされた。そのことは、熙子《ひろこ》夫人との共編になる山路愛山『人生・命耶罪耶』(影書房)という本の「あとがき」に記されている。その激痛は横文字を読んでいる最中に起こったので、横文字のせいと思い込み、日本語は読まない日があっても横文字を読まぬ日のなかった石上さんが、以後いっさい洋書を手にしなくなったという。それが、ある日、書棚の片隅に放置された山路愛山の本を手に取ると読めたのである。白柳秀湖は「街の歴史家」と称して、山路愛山の流れを汲む史論家として活躍した。石上さんの書棚には、あの日からすでに愛山の本も白柳の本もあったと、私には証言できる。この二人の在野の歴史家に親しんでいてもおかしくない。横文字の翻訳者でありながら、和服の似合った石上さんには、それもまた似合っている。

稲葉素之（いなば・もとゆき　一九三三―一九七一）

稲葉素之さんはカール・シュミット『現代議会主義の精神史的地位』の翻訳者である。しかし、私は一度も会ったことはない。それは間に藤田省三さんが仲介役として立っておられたからであり、訳を完成してから刊行されるまでの間に自死されてしまったからでもある。

その上、刊行してすぐこの訳に対して「誤訳事件」と呼ばれる事態が発生した。その真相は錯綜しているが、最近刊行された『小尾俊人日誌』をたよりにその経過をたどってみよう。

みすず書房がこの本を翻訳することに決めたと思われる会食が『日誌』に記録されている。一九七一年三月二十二日、レストラン、スイス・シャレーに、丸山眞男、藤田省三、小尾俊人の三人が集まったおり、丸山さんが『現代議会主義の精神史的地位』に触れ、学生のとき読んだ、Scharf! と言っている。おそらく、その後、藤田さんが稲葉さんを推薦し、稲葉さんに翻訳を依頼したのであろうが、その経緯は分からないし、二人の関係も分からない。ただ稲葉素之の遺稿集の編者が有賀弘になっているあたりに、二人の関係を見るヒントがあるかもしれない。この『日誌』で藤田さんは稲葉さんについてこう言っている。彼の『「歎異抄」覚書』はよい、辞典を見るのはギリシア、ラテンだけ、英独仏は辞典なしで読む、と。稲葉さんは東大の倫理学科を出ているが、この時まで翻訳の仕事はない。『「歎異抄」覚書』にしても、百二十頁の遺稿集『自律と他律 倫理学ノート』のうち二十頁を占める小さなものである。ただ藤田さんの言うとおりよいものであることに間違いはない。

藤田さんは躁鬱病の稲葉さんを自宅に引き取って、翻訳の仕事をする彼の面倒を見たりしていた。藤田さんは、丸山さんに言わせれば、森の石松的、あるいは一心太助的な義俠の精神の持ち主であった。訳を終え、あとは「あとがき」だけということになった十二月三日、稲葉さんは自殺した。藤田さんは、薬で躁鬱はよくなるのではないかと思っていただけにショックは大きかった。『日誌』の十二月六日に、藤田さんはその感想を「おそかりしくらのすけ」ともらしている。無念であったろう。

翌年の一九七二年一月七日、藤田さんは「あとがき」を編集部名で書くことを提案する。二月二十日刊行。その直後に、「誤訳事件」は起きた。最初に指摘してきたのは、シュミットの『憲法理論』の訳者でもある尾吹善人氏で、刊行後二、三日のうちであったように記憶する。藤田さんの動揺は激しく、「戦後精神の体得者が生きられなくなった」とまで言う事態になった。「誤訳」の中身について言えば、この翻訳を読んでの丸山さんの感想が『日誌』の五月六日にある。「Schmitt の誤訳指摘については、あれほどではない。ちょうど中間の感じ。しかし脱落は困る。」これが穏当なところであろう。六月二日の『朝日ジャーナル』に安世舟氏の書評が載るが、そこでも「原文の文章が二、三行抜けた個所もあった」と指摘されたが、よい書評であった。六月二十六日、落ち着きを取り戻した藤田さんから自ら改訳に当たる旨の提案があり、次のように言う。「脱落は一言もない。語学者の訳として、語脈の違う文章をうつすべき苦闘のあとがみられない。」脱落を見逃がしたについて言えば、編集者も一言もない。九月十八日に改訳を終え、翌年、一九七三年三月二十日に改訂版は刊行された。

この改訂版では、初版の冒頭にあった「はじめに」の文が消えた。その最初にこうある。「本書の訳出に当たっては、当然のことであるが正確を旨とした。しかしながらどんな良い辞書にも間違いがあるように、翻訳に誤訳はつきものである。大方の御批判を仰ぎたい。」起こったことを考えると意味深長な文である。その後には原文を入れた個所、訳注について、その理由を丁寧に説明した文が続くので、もともとは訳者の稲葉さんによって書かれた文であったろう。

藤田さんは稲葉さんの死に際し、次のような弔電を送っている。「ドンナヤシンモナク、オゴリモナク、カミサマノヨウニ、ヤサシイココロヲモッテイタ、イナバモトユキクンノトツゼンノシヲオキキシテ、タエラレナイカナシミニツキオトサレマシタ。」

翻訳者とともに歩んだ翻訳出版の道はけっして平坦な道ではなかった。思い起こせば、悪戦苦闘しながら進む道であった。

以下、素描とまでもいかないが、点描風に幾人かの翻訳者を描いてみたい。それはその人の一面の一面くらいにしかならないであろうが。

三宅徳嘉（みやけ・のりよし　一九一七―二〇〇三）

三宅徳嘉さんの渋谷のお宅には、小尾俊人さんとともに訪れたのが最初である。言語学者の小林英夫さんが亡くなられて、遺された翻訳、カール・フォスラーの『言語美学』を刊行するについて、お力添えをお願いするためである。約束の時間より早めに着いて、近所を散歩している時、小尾さんは「ロラン・バルトを勧めてくれたのは三宅さんである」との話をされた。ロマン・ロランのみすずからロラン・バルトのみすずへ、あの七〇年代の転換は三宅さんによって準備されたことを初めて知った。

幸いにして、フォスラーの件は引き受けていただいたので、ついでに加藤周一との共訳、コンディヤック『感覚論』をお出しになる気はないか、尋ねると、岩波文庫で改訳して出す約束をしているとのことで、これはかなわなかった。

フォスラーの『言語美学』は一九八六年末に刊行された。三宅さんの「編者あとがき」には、「本文に最小限手を入れ、索引を全面的に作りかえた」と何気なく書かれているが、これが尋常ではない。本文と原文を全面的に対照したことは明らかであり、索引は完璧であった。完璧という意味は、例えば「言語」と引けば、「――は精神の活動である」「――は社会現象である」「――は喚び覚まされる」……と内容に応じた頁が示されるのである。フォスラーを見ていただいている時、同時に進行していたのが大修館の『スタンダード仏和辞典』の新版で、その発音表記を担当されていて、無知な私にお構いなくなぜこの語はこの記号を用いなければならないか、もったいないような解説をなされた。頭のなかは発音記号で埋め尽くされているようであった。

『辞典』の新版は一九八七年に刊行された。

『スタンダード仏和』の初版は一九五七年であるが、その発音表記については刊行時に、大橋保夫さんが「内外に例のないほど明確整然たるものになっている」と評している。大橋さんはレヴィ゠ストロースの『野生の思考』の訳者であり、白水社の『仏和大辞典』の編者でもあり、やはり尋常でない学殖に富んだ人であった。

三宅さんは生前一冊も著書を遺されなかった。翻訳者であり、lexicographer（辞書編集者）であった。小尾さんは、その文章を集めて『辞書、この終わりなき書物』という本をつくった。編集者の魂のこもった一冊である。

宇佐見英治（うさみ・えいじ　一九一八―二〇〇二）

宇佐見英治と矢内原伊作とアルベルト・ジャコメッティの名は、私のなかでは三位一体をなしている。即物的には文字通り、宇佐見英治の最後の本、『見る人――ジャコメッティと矢内原』という本をつくったからであり、宇佐見さんには数々の訳業があるが、矢内原との共編訳のジャコメッティ『私の現実』（のちに吉田加南子さんを訳者に加え増補され『エクリ』となった）がいちばんいいと思っているからである。

とはいえ、宇佐見さんのみすず書房との長い縁を考えれば、私が知るのは、最後の十年余りという短い間に過ぎない。小尾俊人編集長と宇佐見さんと三人で編集長交替の挨拶に、矢内原伊作夫人の鋤子《すきこ》さんを鎌倉の家にお訪ねしたおり、初めて親しく接したのではないかと思う。鋤子夫人はその日のことをよく覚えておられて、お父様と叔父様とに連れられてきたみたいだったと、会うたびにおかしそうに言われた。そして「お店はどう？」と尋ねられるのである。

宇佐見英治と矢内原伊作の友情は稀有のものであった。『見る人』の副題は「或る友情の記録」としてもよいくらいである。矢内原とジャコメッティの運命的な出会いも、きっかけは宇佐見さんがつくっている。そのことはこの本に収められた二人の対談「ジャコメッティについて」に詳しく語られている。

NHKの「新日曜美術館」で「ジャコメッティとヤナイハラ」が放映されたとき（一九九九年五月二日）、同時に鎌倉の神奈川県立近代美術館、市谷の河田町にあったフジテレビ・ギャラリー、それに表参道のGalerie 412で、関連した展覧会が開かれた。そのいくつかを宇佐見さんとともに訪れた。もはや宇佐見さんの傍らに矢内原さんの姿はなく、酸素ボンベが子犬のように付き従っていた。

表参道の画廊に、チェース・マンハッタン銀行東京支店のりゅうとした身なりの若い人とラフなスタイルのその弟の芸術家、そのガールフレンドがやって来た。ニューヨークのこの銀行前の広場には、ジャコメッティの彫刻を置く計画のあったことはよく知られている。その時なぜか芸術家の弟が、椅子に座っていた私に“Are you Giacometti?”と尋ねた。星占いの石井ゆかりさんに会ったのも、ここだった。ウサミ・ヤナイハラの遊びの世界に少し紛れこんだ気がした。

中島みどり（なかじま・みどり　一九三九―二〇〇一）

中島さんは中国の人に自らを名乗るとき、「中島碧」の漢字を当てた。この「碧」がなぜかとてもよく似合っている。

中島さんとの初めての仕事は楊絳《ヤンジャン》の『幹校六記』であった。みすずではめずらしい中国語からの翻訳である。それにしてもこの書名は分かりにくい。「幹校」とは文化大革命下、知識人が送られた農村の幹部学校の略である。この書名、清代の読書人、沈復《しんふく》の自伝体の散文『浮生六記(浮生夢のごとし)』に基づく。過酷な経験を軽妙なタッチで描くこの記録にふさわしいと思えたが、日本の読者にはなじまなかったかもしれない。

二冊目は、同じ楊絳の小説『風呂』であった。原題は「洗澡」、日本語にすれば「入浴」といったところで、中華人民共和国の成立直後の知識人の思想改造の悲喜劇を描いたものである。旧思想を洗い落とす比喩だが、これも通じなかったかもしれない。中国語の日本語への訳は漢字が同じだけに微妙に難しいものがある。

楊絳の名は日本では知られないが、中島さんに言わせれば、現代中国の西洋文学の翻訳家として、また作家としても、最高水準にある一人であった。その翻訳としては、『ドン・キホーテ』『ジル・ブラース物語』『ラサリーリョ・デ・トルメスの生涯』があり、スペインのpicaresque(悪漢小説)、イギリスの十八、九世紀の小説の研究者でもあった。

中島さんは、その楊絳の「翻訳論」を訳している。原題は「失敗の経験(翻訳覚え書)」。すぐれた翻訳家である中島さんが紹介しようというのであるから、間違いなく良いものである。「失敗の経験」というくらいで、原文のスペイン語に楊絳が「死訳」「硬訳」と呼ぶダメな訳(これも自分の訳だそうである)を実例として挙げている。驚いたのは、元の中国語のダメな訳を、中島さんが見事な日本語のダメな訳に移し替えていることである。そしてどこがダメなのかはっきり分かるのである。これは並みの力量ではできない。

この「翻訳論」では、西方語を漢語に訳する際の困難な点を、きわめて明晰に挙げている。例えば、西方語の関係代名詞の常用、あるいは因果関係を明らかにする接続詞の使用などにどう対処するか、といった点である。おそらく中島さんは、ここに中国語から日本語への翻訳の困難について考えながら、訳したであろう。

中島さんからは仕事の過程で多くの手紙を受け取った。そこにはこの中国語をどうしてこの日本語に訳すのか、そんなことも書いてあったと思い手紙を探した。大切に保管していたはずなのに、どうしたわけか見つからない。どうやら、どこかに身を隠してしまったらしい。

池辺一郎（いけべ・いちろう　一九〇五―一九八六）

池辺一郎は画家である。翻訳家ではない。ただ一冊だけ翻訳書がある。画家ルドンの日記風の手記『ルドン　私自身に』である。

池辺さんは、一九三〇年代のパリで七年間を過ごしている。ヨーロッパ行きの船では、外国人船客たちが、当時流行の映画『会議は踊る』の主題歌を歌い、はじけるようなにぎやかさだったそうである。到着したパリもマロニエの季節、街にはこのメロディーが溢れていたという。第二次世界大戦はまだまだ先のことであった。

池辺さんの父、池辺三山は朝日新聞の論説主幹として夏目漱石を朝日に招いた人物である。三山も明治二十六(一八九三)年パリに赴き、日清戦争の欧州での反応を「巴里通信」として送っている。三山のフランス語の練習帳が日本近代文学館に蔵されているが、そこにはフランスの若い友人が描いた三山の肖像と「未来のヴォルテール注釈家」というコメントが残されている。どうやら三山はこれからヴォルテールを勉強すると吹聴していたらしい。現に彼は八十巻に及ぶヴォルテール全集を購入して日本に持ち帰った。日本では珍しいヴォルテリアンであった。池辺一郎さんにもその雰囲気はある。

池辺さんの母、均《きん》の父、永峰秀樹は海軍兵学校の英語教師であるとともに精力的な翻訳家だった。アラビアン・ナイトの一部を訳した『開巻驚奇暴夜《あらびや》物語』からギゾー『欧羅巴文明史』、ミル『代議政体』に至るまで幅広くかなりの量を訳している。

こうしてみると、池辺一郎さんも近代の翻訳の系譜に連なる人のようだが、三山の父、吉十郎となると一風変わっていて、西南戦争では西郷隆盛とともに起ち上がった熊本隊七百名の隊長であった。池辺さんから、祖父が斬首されたときに身に着けていた、乾いた血の痕ののこる真っ白な帷子《かたびら》を見せてもらったことがある。その次に会った時、あれは焼き捨てたと言っていた。

ルドンの手記のタイトルを、瀧口修造が「私話集」と訳していることを後で知った。そちらの方がいいと思ったが、後の祭りであった。

ヴォルフガング・シャモニ(Wolfgang Schamoni 1941–)

「葉の間には実がある、という意味です」と、大学図書館のファサードに刻まれた文字を指して、シャモニさんは日本語で言った。Inter Folia Fructus. 田中秀央・落合太郎編著の『ギリシア・ラテン引用語辞典』には、「〔我々の書物の〕紙葉の間の果実」とある。本の頁と頁の間にはすばらしい中身が詰まっているということである。

ヴォルフガング・シャモニさんは、そのときハイデルベルク大学日本学科の教授で、同僚のザイフェルトさんと、丸山眞男の『日本の思想』(*Denken in Japan*)と『忠誠と反逆』(*Loyalität und Rebellion*)をドイツ語に訳していた。シャモニさんは「『日本の思想』ドイツ語訳のこと」という文章(『図書』一九九五年七月号)で、丸山さんの著作のどこに惹かれたかについて「その刺激の一つは言葉でした」と書いている。そして丸山さんの文章は英語系の人には Teutonic、つまりドイツ語的に見えるそうだが、それだけではない。「先生の文章は日本語の一つの可能性を秘めているような気がします。……漢語の可能性を利用しながらも、印象の強い口語的な、日常語的な表現、また文学的な表現も多く使って、いかにもイキイキとしています」と言っている。彼の言葉に対する感覚はとても鋭い。秋沢美枝子シャモニ夫人もその手紙(一九九〇年五月三十日付、シャモニさんは三月にみすず書房の旧社屋を訪れ、いたく感激していた)のなかで、「彼は翻訳に関してはトコトンまで考えぬく人で、その徹底主義は大変なものです」と、そのことに触れている。

ハイデルベルク大学日本学科では、"*hon'yaku*"(「ハイデルベルク・日本語=ドイツ語翻訳工房報告」、といったような副題が付いていた)という小さな雑誌を出していて、二、三冊いただいた記憶がある。それもシャモニさんの実験の場で、丸山さんの「福沢における秩序と人間」「二十世紀最大のパラドックス」「近代的思惟」、それに桐生悠々、堺利彦、成島柳北の文を訳載している。文章の選択にも彼の知的理解力と感性とが存分に働いている。

大学図書館を後にして、ご自宅にお邪魔した。シャモニさんは壁にかかった小さな絵を指さして、「父の絵です。カフカのチェコ語版の挿絵も描いてます」と言った。

父の名は、アルベルト・シャモニ、一九〇六年の生まれ、画家・版画家として多くのチェコの出版社の仕事をした。その中には確かに、カフカの「田舎医者」「一枚の古文書」などがある。第二次大戦中の一九四二年一兵卒として召集され、一九四五年、東部戦線で行方不明となった。

その絵の繊細さと美しさは、シャモニさんの翻訳に生きているように思われた。

ゆで卵とにぎり飯
――岡本敏子さんとの物語

岡本敏子という女性がいた。ご存じの方もあろうが、アーティスト岡本太郎の養女、というよりあらゆる面でのパートナーだった人である。瀬戸内寂聴の『奇縁まんだら』にある「岡本太郎」についての文は、太郎よりも敏子に捧げられているようにも読める。それくらいの人である。

これからお話しするのは、私と敏子さんとの短い、しかし因縁浅からぬ出会いの物語である。

もう二十年も前のこと、みすず書房の編集者であった私を一人の人物が訪ねてきた。その人の名は久保覚。久保さんと言えば、瀧口修造『シュルレアリスムのために』(せりか書房)、『花田清輝全集』(講談社)等々多くの優れた書物の編集者として知られる。

彼の用件というのはみすずから『岡本太郎の本』を出さないかということであった。岡本太郎関連本の汗牛充棟の今となっては想像もつかないだろうが、当時の書店の棚には太郎の本など一冊も見当たらなかった。あったとしてもせいぜい刊行されて間もない敏子さんの一冊『岡本太郎に乾杯』(一九九七年、新潮社)くらいだったろう。久保さんは最初にこの話を、かつて『岡本太郎著作集』を出していた講談社にもっていったところ、即座に「三千部以上出ない本は出せない」と言われたというのだから、およその状況の察しはつくだろう。かく言う私も、そのとき咄嗟には「えっ、なぜ、みすずがタローなの？」と思ったのだから、あまり大きなことは言えない。他ならぬ久保さんが私を編集者と見込んでわざわざ頼むのだから、きっと何か意味があるのだろうと思ったに過ぎない。しかし一方で、これは「運命」だと直感した。なぜ「運命」なのか、それについてはまた後でお話ししよう。

岡本太郎は一九九六年に八十四歳で没した。その頃の彼に対する一般的イメージといえば、大阪万博の形見のような『太陽の塔』の作者、テレビのコマーシャルで「芸術は爆発だ！」と、大きな目をかっと見開いて叫んでいる変なアーティストという程度だから、知的香りの高い出版社みすずとタローではミスマッチと思われても、仕方のないこと、社内の反応が今ひとつだったとしても、無理からぬことであった。

そのような地点から出発した『岡本太郎の本』であったが、企画も軌道に乗った一九九八年九月九日の未明、久保さんが急逝された。急性心筋梗塞、享年六十一歳。全ては久保さんから始まった企画だっただけに頼りない思いもした。

不思議なことに、亡くなる前の日、敏子さんは久保さんに電話している。そして、みすず書房が刊行を引き受け、目次の構成にかかったことを告げている。少なくともそれだけは聞いて、久保さんは亡くなられた。それから間もない十二月、みすず書房より『岡本太郎の本』第一冊「呪術誕生」刊行、翌一九九九年十月には、川崎市岡本太郎美術館が開館した。

久保さんが話を持ってきて、編集者から編集者へバトンタッチするかのように、私に課した宿題に答えを見つけようと、先ずは講談社版の著作集全九冊を手元に揃えた。とはいえ、それからもタローの装丁になる本の背、並べると彼の作品『黒い太陽』になるのをボンヤリ眺める日々が空しく続いた。この著作集、そこに寄せられた文の筆者の顔触れ、埴谷雄高、野間宏、ピエール・クロソウスキー等々だけ見ても、今なお独自の輝きと価値を有している。そんな文章に時おり目を通しながら私は、タローについて全く無知である自分の内に何かが沈殿してくるのを待っていた。話があってから半年も経ったろうか、春の連休の日々、全冊を一気に読んだ。そして、ある一本の線がくっきりと見えてきた。

「岡本太郎の文章には、リズムがある、ユーモアがある、くっきりとした描写と、明快な意味づけとがある。大阪万博の『太陽の塔』のように。われわれは彼に導かれてさまざまな思想的発見をしてきた。東北文化について、沖縄文化について、縄文の美について語った彼は先駆者である。このことは、若き日、パリで人類学者マルセル・モースの講筵につらなったこととも関係しよう。それは、土俗と洗練、伝統と前衛、『対極』にあるものを統合して見ようとする彼の眼差しを一層深いものにしたであろう。」(内容見本、刊行の言葉より)

現在の岡本太郎評価からすれば、何の変哲もない模範解答のような文である。しかし、不明の私にとって、それは「人類学者・岡本太郎」発見の時であった。一九三〇年代のパリにあって、ジョルジュ・バタイユ、ミシェル・レリスらと「わが友」と呼べる親交を結んだニホン人がそこにいた。画家・彫刻家、岡本太郎は大知識人であったのである。しかし、この発見もさることながら、私を最も驚かせたのは、青山の岡本太郎記念館に保存されていた彼の撮った膨大な数の写真である。沖縄、韓国、東北、縄文等々、今では幾冊かの写真集にまとめられ、容易に見ることが出来るそれは、全て人類学者の眼差しで撮られている。彼の眼差しは、同じくマルセル・モースの弟子であったレヴィ＝ストロースの写真にも匹敵する。しかし写真それ自体は、アーティスト太郎がレヴィ＝ストロースをはるかに超えているとさえ見えた。

「タローは人類学者である」、そう思えば思うほど、私は、彼についての資料目録にあるドキュメンタリー映画『マルセル・モースの肖像』(文化人類学者のジャン・ルーシュが撮った)が気になって仕様がなかった。なかに、モースの弟子としてのタローが登場するというのだから。それを眼にする機会は思いがけぬ形でやって来た。川崎の岡本太郎美術館のオープニングの日、館内を一人ぶらぶら歩いていると、人々の喧騒をよそに誰も見る人のいないディスプレーに何かちらちら映像が流れているのが見えた。近づいてみると、タローは私が来るのを待っていたかのように、流暢なフランス語でしゃべり始めた。「私は日本のマルセル・モースになる」と。そう、例のドキュメンタリーだったのである。目と耳を疑ったが、一瞬にして消えた文字と言葉、ほんとうにそう言っていたのかどうか、今となっては夢の中のような気がする。しかし、確かにタローは日本のモースになって、縄文文化、沖縄文化、東北文化を発見した。

さて、敏子さんである。幸いにしてみすずの本は美術館の開館にも間に合い、大知識人タローのイメージも定着し、復活したタローは読者に広く迎えられ、私は内心ほっとしていた。にもかかわらず、心底タローを愛している貪欲な敏子さんは、それくらいの成功では全然満足していなかった。ときに私と二人、同席するような会があると、いつも敏子さんは「みすず書房は本を売りたくないのよ」と広言し、そのあとスピーチに立つ私は「本を売りたくないみすず書房です」とやって、コンビで笑いを取ったりしたものである。売りたくないわけでもなかったが、確かにタローは一出版社みすずの枠を超えて、他社から次々と刊行される文庫、写真集、エッセー集とさまざまな装いで、タローを知らない若い人たちにまで読者の環を広げ、ブレークしていった。正直、それは私の想像をはるかに超えていた。敏子さんの愛の力の大きさを思い知らされた。

太郎は忘れ去られることなく、よみがえった。では、私がなぜ『岡本太郎の本』をみすず書房が出すのを「運命」と直感したのか。そろそろ、その話をしよう。

話ははるか昔、戦後間もないみすず書房の創業の頃にまでさかのぼる。創業以来の編集者で、自らも現代史の研究者として『二・二六事件』『昭和の軍閥』の著がある高橋正衛という人がいた。現代史の資料、なかでも国家主義運動の資料収集に執念を燃やし、右翼左翼の別なく広い付き合いのあった奇人といってもいい人である。その頃の編集者には、そんな変人・奇人がけっこういたものである。その高橋自身、みすず書房編集部を見渡して、感に堪えぬように「ここには武芸百般にわたるとは行かぬが、俺は鎖鎌、俺は手裏剣といった強者が集まっている」と言っていた。私は彼と長年、机を並べて仕事をし、毎日のように戦前・戦中の話ばかり聞かされて、まだまだ戦争は終っていないのかと、悪夢にうなされるような日々を過ごしていた。

その話のなかに、創業間もないみすずの話もあった。ある日、一人の女子大生がやってきて働かせて欲しいと言う。給料は出せないと断ると、それでもいいと言って、毎日、千葉からゆで卵とにぎり飯を持ってやって来て、皆に振舞ってくれたそうである。食糧難の時代ゆえ、高橋にはこのゆで卵とにぎり飯とがことのほか有難かったとみえて、もともと話のうまい人ではあったが、あたかもそれが眼前にあるかのように語ってくれた。中国では「著者は編集者の衣食の父母」というかなり唯物論的言い方もあるそうだが、彼女は文字通り、みすず書房編集者の「食の母」であったのである。そしてこの若い「食の母」は、ある日突然「あなたたちは歴史に残るような仕事をなさるでしょう」との立派な挨拶の言葉を残して、去っていったという。狐につままれたような話である。

それから何年かして、みすず書房はほとんど社運を賭けて、全編カラー印刷しかも廉価という画期的なシリーズ「原色版美術ライブラリー」の刊行を開始した。中でピカソの一巻の解説は、当然にピカソと親交のあった岡本太郎にお願いしようということで、高橋が担当となった。岡本邸を訪れ、呼び鈴を鳴らして待つことしばし、ドアを開けてくれた女性を見てビックリ、それが何年かの以前、みすずに押しかけの社員志願第一号としてやって来て、ある日忽然として消えた彼女、すなわち敏子さんだったのである。あいにく太郎先生は不在であった。しかし「必ず太郎に書かせます」との力強い返事を得、後日、その約束は成就された。

この話、『岡本太郎の本』を引き受けた時も、またつくっている間も、私からは一言も言わなかったし、敏子さんからも全く聞かなかった。まことに奥ゆかしい(?)二人である。「ゆで卵とにぎり飯」の件も含めて、事の真偽を確かめたのは、『岡本太郎の本』が完結して、青山のイタリア料理店で、実際に編集を担当した高松政弘君も含め三人でお祝いした時のことである。敏子さんはあっさりと認めた。創業当時みすず書房のあった都心の焼けビルの一室で、皆(といっても高橋ともう一人、創業者である小尾俊人という編集者くらいか)が仕事に出払った後、一人残され電話番をまかされた敏子さんは、窓から日がな一日通りを行く人を眺めて過ごした、という思い出を語った。そして、その後、何度も彼女の口からその話が懐かしそうに、かつ楽しそうに語られるのを聞いた。

みすず書房の古い記録を見ると、社員名簿に平野敏子(敏子さんの旧姓は平野)の名前は、給料を払わなかったせいか見えない。でも先述の編集者、小尾俊人さんの回想にもその名は出てくる。高橋さんが入社したのは昭和二十一(一九四六)年七月、日本橋区呉服橋の焼けビルの四階にあった会社が本郷六丁目に移転したのは同年十一月だから、ほんとうに短い間の出来事であったことになる。

もう、お分かりであろう、「岡本太郎の本」の話があったとき、なぜ私が「運命」と感じたのか。慧眼の編集者、久保さんといえども、この話は知らなかったであろう。敏子さんのほうからは決して口にしなかったのだから。

出版界には不思議なことが起こる。そして、不思議なことを起こす力がある。

すこし昔の話
――みすず書房旧社屋のこと

建物が断末魔の悲鳴を上げるなんていうことがあるだろうか。長年がんばってきたみすず書房の旧社屋が悲鳴を上げたのは、取り壊しの日取りも決まったある休日だった。所轄の本富士警察署から電話がかかってきた。「お宅の非常ベルが鳴りっぱなしなんだけど、どうします?」駆けつけると、表の本郷通りにまでベルの音が鳴り響いていた。電気の配線が古びて耐えきれなくなったのであろう、配線を切ると音は止み、休日の会社の静寂が戻ってきた。

近隣の人々に謝って歩いたが、コルク屋さん、バドミントン屋さんなどご近所の人に私がご挨拶したのは、これが最初で最後となった。長いお付き合いだ、まあ、お別れの挨拶くらいしろ、と旧社屋に棲む神様だか妖怪だかに促されたような気がした。

この建物は、東京ドームの方向から壱岐坂を上り、本郷通りを渡って最初の角のY字路になった所に立っていた。壱岐坂の名は小笠原壱岐守の下屋敷があったことから来る。私が入社した頃には、既に地番は本郷三丁目になっていたが、旧町名は春木町で、その頃、会社の所在地を言うと、「ああ、春木座の近くですね」などと言う、戦前を知る老人がいたものである。いかに古い私でもこの劇場は知らず、ウィキペディアの写真で見ると、レンガ石造りのなかなか立派な劇場で、川上音二郎一座の『ハムレット』を上演するなど演劇史上にも名を残す劇場である。関東大震災で全焼、その後再建されたが、東京大空襲で焼失したとある。お茶の水から本郷消防署に向かう蔵前橋通りに、文京区の旧町名案内板「春木町」が立っているが、そのあたりらしい。平凡社の『世界大百科事典』の「本郷」の項を見ると、春木町の地名は伊勢の御師《おし》(神宮参詣のガイド)春木太夫の旅宿があったことから来るとある。

仕事で郵便を出しに行くとき、会社にいちばん近かったのは金助町の郵便局であった。さきに引用した『大百科』はよくできていて、金助町については、ちゃんと小人頭《こびとがしら》(武家奉公人の長)・牧野金助の拝領地であったと出てくる。本郷三丁目の交差点の角に、「本郷もかねやすまでは江戸の内」の川柳で知られる「かねやす」があるが、本郷は下級幕臣の居住地、ギリギリ江戸府内に建つ社屋で、私たちは働いていたわけである。

私が、旧社屋の立つ場所が特に気に入っていたのには、わけがある。毎朝、お茶の水から順天堂のわきの坂を上ってくると、本郷通りを隔てて晴れた日は朝日に輝いて見える一風変わった建物があった。黄色っぽい壁に瑠璃色の瓦屋根の三階建て、中国の牌楼《パイロウ》(街の中心や名勝地に立つ装飾用建築)風の建物である。日本でも、中国でももう文求堂主人・田中慶太郎の名を知る人はほとんどないであろうが、大学でいちおう東洋学を専攻した私のような者にとっては、その人の名は忘れがたい。その瀟洒な建物こそ中国書籍を専門に商った文求堂の跡であった。やがて天理教に買い取られ、建て替えられ、「いちれつ会館」の看板が掲げられていたが、それも今はなく、かつての文求堂は影も形もなくなった。田中慶太郎は古書店主として国宝級の絵画・書籍を扱うとともに、中国研究書の出版もした。その蒐集した古典籍が関東大震災で灰燼に帰したとの話を聞くと、惜しいとも何とも言葉にならない。とすると、あの建物は震災後に建てられたものであったろう。

田中慶太郎の名が知られるのは、中華人民共和国の科学院院長となった郭沫若《かくまつじゃく》の日本での亡命生活・学究生活を支え、その甲骨文・金文による古代史研究の成果のほとんどすべてを立派な線装本(和綴じ本)で出版したからである。毛沢東や四人組に忠実な文化人として今はまことに評判の悪い郭沫若であるが、学生時代に文求堂刊行のその研究書を読み、目から鱗が落ちる思いがした私にとっては、彼は依然として天才的大学者であり、それを支えたのが田中慶太郎であった事実に何の変わりもない。

目から鱗の一例をあげよう。みすずと取引のあった取次店の一つに日新堂というのがあって、個人用の本はここを通して八掛けで買い、月末に清算していた。「日新」の名は、よくあるように中国の古典『大学』にある「日に新たに、日々に新たに、又た日に新たなり」から来たものである。この句は、殷の湯王の盤(洗面器のような器)に刻まれた銘とされ、毎朝、この盤に水を張って顔を洗う王は、そのたびにこの言葉を肝に銘じたという。これに、郭沫若は異を唱えた。殷代の人にそのような思想はありえず、長年の青銅器の銘文の研究から、これは「何の日、誰それ」といった記録が残欠してそう読めたにすぎぬことを実証したのである。その論文を確かめようと、久しぶりに彼の『殷周青銅器銘文研究』等をめくってみたが見つけられなかったが、ともあれ彼のこうした実証研究の成果が、中国の古代史像を変える画期の一つとなったことは確かである。その成果は、みすずから出版された貝塚茂樹の『古代殷帝国』という名著に、その片鱗が見られる。その新版の編集に携われたのも、編集者冥利に尽きることであった。

話が建物から随分と遠く離れてしまったので、そろそろ本郷通りまで戻ろう。本郷通りをこの文求堂の建物の一つ手前で裏手に入ると、みすず書房の旧社屋があった。木造モルタル造り二階建て、普通の仕舞屋《しもたや》風情の、ビルに比べれば小屋と呼んでもいいような建物である。

小屋といえば、アメリカの出版人、ジェイソン・エプスタインという人(書評誌、ニューヨーク・レビュー・オブ・ブックス、通称NRBを起ち上げた)が、その著書『出版、わが天職』の中でこんなことを言っている。「出版は本来、cottage industry である」と。みすず書房の社屋

みすず書房の旧社屋(1996年，撮影＝潮田登久子氏)

はまさにcottage、小屋だった。

ではなぜ、出版業は小屋でなされなければならないのか。エプスタインはこう付け加えている。少し長いが引用すると、「出版は集中を嫌い、即興的で、人間味のある産業。それには自分の職人技に専念し、自主性を侵すものには用心を怠らず、著者の要求と読者の多様な関心に敏感という、共通の心意気をもつ人々の小さな集団が一番です」と。そんな小さな集団を容れる器は小屋で十分、あるいはそうでなければならぬというわけである。

みすず書房の社屋はまさに小屋であり、そんな集団がそこに住み着いていた。みすずの創業者、小尾俊人も、粗末な社屋にビックリした記者の質問に「本は建物でつくるのではない」と答えているが、どうだろう、先の引用のようなことを言いたかったのではなかろうか。

小尾俊人は、ある著者に、「精神は新しく、建物は古く」などと威張ってもみせた、というが、とはいえ、万物流転、物には耐用年数というものがある。みすず書房旧社屋のあった三角形の土地は、今は二十四時間のコイン・パーキングとなって、数台の車が駐車している。本づくりにとり憑かれた者たちの夢の跡の現代風景である。

私は顔はまずいし、優しくもない
――『傅雷家書』とその編集者

記憶は当てにならないものだ、まして私のようなボケ老人においてをやだ。みすず書房が刊行した『ロマン・ロラン全集』のなかに、「ある中国人への手紙」と題する書簡が収録されていて、その宛先人についての訳注に「不詳」とあったように思った。その宛先人がフー・レイだったのではないかと思い、最新版の全集を調べたところ、そのような書簡は見つからず、一九二四年、『ジャン・クリストフ』を訳したいと言ってきたキン・ユー・ユー宛の手紙があるばかりだった。

とはいえ『ジャン・クリストフ』の中国語訳といったら、なんといってもフー・レイ訳だろう。フー・レイは漢字で書くと傅雷、西洋文学の翻訳者、西洋文化の紹介者としての彼の名は、ほとんど中国から外の世界に向かって開かれた窓を意味した。ちょっと大げさに言えば、中国人は西洋文明についての全てをフー・レイから学んだとさえ言ってよい。そのことは、映画にもなったダイ・シージエの小説『バルザックと小さな中国のお針子』(早川書房)で、傅雷の訳したバルザックの一冊が文化大革命時代を生きた若い人たちの運命を変えたのを見ても分かる。またそれゆえに、文革の嵐の中での傅雷夫妻の自殺が、人々にどれほどの衝撃を与えたか。映画監督・陳凱歌《チェンガイコー》の『私の紅衛兵時代――ある映画監督の青春』(講談社現代新書)に書かれている通りだ。

それにしても、文革の嵐も去った一九八一年、傅雷の家族に宛てた手紙『傅雷家書』が出版された時には驚かされた。しかも、その家族とは、西側に亡命した息子、ショパン弾きとして知られるピアニスト、フー・ツォン(傅聡)であったとは、無知の私には二重の驚きだった。フー・レイは、ジャン・クリストフを翻訳しただけではなく、その本物を生んでしまったのだ。そして息子をいかにクリストフに育てあげたか、この膨大な書簡を見ればよく分かる(全訳ではないが、とても良い邦訳に、榎本泰子訳『君よ弦外の音を聴け――ピアニストの息子に宛てた父の手紙』樹花舎、がある)。日本人の目から見れば、少し時代離れしているような書簡集が、中国でこれまでに百万部を超えて売れていると言うから、これも驚きだ。

『傅雷家書』(第一版, 1981年)

傅雷の手紙はすばらしい。しかし、ここで私が紹介したいのは、この中国現代の古典とも言うべき書となった『傅雷家書』を世に送り出した出版人についてである。その人の名は范用《ハンヨン》。この名を知ったのは、いま私がかかわっている「東アジア出版人会議」の中国代表、董秀玉《ドンショウユー》さんを通してである。といっても、直接に董さんから聞いたわけではない。彼女が三聯書店の総経理であったとき、中国のいわば『タイム』、『ニューズウィーク』に当たるような雑誌『三聯生活周刊』を創刊したのだが、その創刊十年を記念する書籍のなかに、范用さんの董さんへの手紙が収録されており、その紹介に『傅雷家書』を出版した人とあって、それと知ったのである。

今の日本で、この書物を編集・出版する困難を想像するのはむずかしい。傅雷夫妻が名誉回復され、その追悼会が上海で催されたのが一九七九年四月、当時、「叛国分子」傅聡の問題は未だ解決されていなかった。出版に至るまでの曲折は、葉永烈『傅雷画伝』(復旦大学出版社)の「范用の慧眼、『家書』を識る」の章に詳しい。そのなかで、傅聡の弟、傅敏は、一九八〇年の秋も深まった一日、見知らぬ范用が突然訪ねてきた日のことを想い起こしている。また范用自身もその回想のなかで、「白い専門家の道を提唱する」ものとして、『家書』の出版を阻む力がまだまだ強かったことを語っている。

この書簡集が、父(と母)から息子への手紙のみで構成されているのは、それがロンドンに保存されて残っていたからで、一方、息子から父への手紙は文革のさなか全て失われてしまったのであるから仕方がない。しかし、思いがけなく息子からの手紙がその輪郭を現わす日がやって来る。

一九八六年五月、上海音楽学院の小部屋に詰まっていた文革中の紅衛兵のビラやら小新聞やらを、もはやゴミとして処分することになったとき、数冊のノートが現われた。『聡児家信摘録・学習経過』(一)(二)、『聡児家信摘録・音楽討論』(一)、これらは紛れもなく傅雷夫人の細かな字で抄録された息子からの書簡であった。『傅雷画伝』の一書は、この震えるような発見の瞬間で終わっている。

最近、面白い本を見つけた。書名は『私は顔はまずいし、優しくもない——漫画范用』(生活・読書・新知 三聯書店)。この奇妙なタイトルは、人気歌手、趙伝《チャオチュアン》のヒット曲「私は顔はまずいが、とても優しい」から採られている。漫画を愛し、漫画家を育てた編集者、范用の文と漫画家、丁聡《ディンツォン》が描いたその肖像から成るとても素敵な本である。

『私は顔はまずいし、優しくもない——漫画范用』(生活・読書・新知 三聯書店, 2006年)

また最近、これもわが会議のメンバーである三聯書店の汪家明《ワンジャーミン》さんから、彼の編集した、これまた素晴らしい本を頂いた。『葉雨書衣』、范用の号である「葉雨」は「業余」(余暇の、の意)と同じ音(イエ・ユー)。これは仕事の合間に范用さんが自ら装丁した本の図録である。

あなたはこの世の四月の空
――中国の国章をデザインした女性

中華人民共和国の国旗は五星紅旗、国歌は義勇軍行進曲、オリンピックでもおなじみである。ではその他に、国章(中国語では国徽)というのがあるのをご存じであろうか。ここに天安門の楼上に掲げられている国章の写真を示す。金色の縁に赤く丸いこの徽章、全国人民代表大会議場の映像などで眼にした記憶をお持ちの方もあろう。これからお話しするのは、この国章のデザインをした女性の話である。

女性の名は林徽因《リンフイイン》。その姿をはじめて目にしたのは、中国近現代史の専門家として世界的に知られるハーバード大学のジョン・K・フェアバンク博士の『中国回想録』に載せられた一枚の写真によってである。若い二人の男女の写真説明には、「中国人の友人。建築史家の梁思成とその妻フィリス。一九三〇年代初期の調査旅行で」とあった。梁思成のことは、中国近代第一の啓蒙思想家、梁啓超の息子であり、中国建築史の専門家としてその名を知っていたものの、その妻、フィリスとはいかなる人であろう。

最初にこの疑問に答えてくれたのは、中国の編集者で、いつも日本語と中国語の通訳をしてくださる馬健全《マキンチュエン》さんであった。しかも私の関心のありどころも即座に見抜いた、「彼女は美人でしょう」。確かに目のさめるような美人である。一九二〇年、十六歳の時にロンドンで、父の林長《りんちょう》民《みん》といっしょに撮った写真をお目にかけよう。この年、林徽因は、第一次大戦後の視察に赴く父に伴われてヨーロッパを旅行した。林長民は、梁啓超の盟友として中国の近代化に献身し、法制局局長もつとめた立憲政治家である。

このとき馬さんは、こうも付け加えた。「林徽因は、建築史家としても梁思成よりも出来ましたし、彼の業績の一部は彼女のものでもあります。彼女は中国インテリ男性すべての憧れの的です。」それから、馬さんの言葉をきっかけとして、いろいろ調べるうちに、馬さんの言葉の意味が徐々に明らかになっていった。

気がつくと、林徽因についての本は実に多く出版されていた。最初に手にしたのは「美麗と哀愁」シリーズの一冊『真実の林徽因』(東方出版社)であったように思う。この本は多くの彼女の写真

天安門にかかる国章

林徽因と父・林長民(1920年. 陳学勇著『林徽因——尋真』中華書局, 2004年より)

を提供してくれた。刊行は二〇〇四年、この年は彼女の生誕百年、翌二〇〇五年は没後五十年ということで、この二年にかけて彼女に関する多くの本が出版された。いま私の手元にあるものだけでも、二〇〇三年刊行の「百年家族」シリーズの『林徽因』(河北教育出版社・広東教育出版社)、二〇〇四年には『林徽因——真実を尋ねて』(中華書局)、『梁思成、林徽因と私』(台湾・聯経出版社)、そして清華大学建築学院編の『建築師　林徽因』(清華大学出版社)、二〇〇五年には『林徽因画伝——ひとりの唯美主義者の情熱』(二十一世紀出版社)、中国現代作家作品図文シリーズの『あなたはこの世の四月の空』(中国文聯出版社)といった具合である。彼女の人気の程も知られよう。とともに、この本の山を見て、我ながら我が蒐書癖にもあきれた。

話をもとに戻そう、話の材料は山のようにあるのだから。ロンドンで彼女は一人の男性と運命的な出会いをする。コロンビア大学を出て、バートランド・ラッセルのもとで哲学を勉強しようとやって来た詩人の徐志摩《じょしま》である。詩人は彼女に恋した。中国の詩の世界に一紀元を画すこととなる詩人は、彼女に対し文学への扉、詩人への道を開く恩師ともいうべき人となった。詩人は浙江財閥の御曹司で妻子もあったのだが、離婚を考えるまでの事態にいたり、さすが老練な政治家、林長民もこれには困りはてた。一九二一年の秋には娘とともにロンドンを離れる決心をし、帰国の途に就いた。

こう書いていると、まるでメロドラマの筋書きを書いているようで困るのだが、事実、徐志摩と彼をめぐる三人の女性——最初の妻の張幼儀、二番目の妻の陸小曼、そして恋人の林徽因——の物語は、「この世の四月の空(人間四月天)」と題する大河ドラマに仕立てられている。その一部はYouTubeで繁体字の字幕付きで見ることができたが、今はどうであろう。三人の女性、それぞれの個性で魅力的であるが、この世でそのような関係が無事成立するわけもなく、メロドラマにならざるをえないのである。

ともあれ林長民は、帰国すると、梁啓超の息子、梁思成と娘の婚約を確かなものにしようと急ぐ。最終的には、彼女も思成を選んだ。一方、詩人は妻と離婚して、彼女の後を追うように一年後には帰国、その翌一九二三年、文学結社「新月社」を創立、北京大学英文系の教師に任じられた。そして一九二四年四月、梁啓超と林長民の招きで訪中したインドの詩聖タゴールに、詩人は通訳として付き添い、通訳の副には林徽因を任命して行を共にし、思成の姉の怒りを買ったりし

林徽因，タゴール，梁思成，徐志摩ら(1924年．前掲書より)

ている。その時の写真を掲げる。不鮮明でよく分からないであろうが、左端が梁思成、右端が徐志摩、彼の左、タゴールとの間にいる女性が林徽因である。

タゴールと徐志摩が日本に去ると間もなく、梁思成と林徽因の二人は共にアメリカ留学へと出発した。ここに建築へと向かう二人の道は定められた。林徽因、二十歳の時である。この決定には、彼女の意志も反映されていると思うのだが、皮肉なことに、二人が入学したペンシルバニア大学の建築系は女性が入れず、彼女はやむなく美術系へと進んだ。その時、英語名をフィリスとした。彼女の意志というのには根拠があって、フィリス・リンは当時のアメリカの地方紙『モンタナ報』に紹介されているが、タイトルには、「中国娘、祖国の芸術を救うために献身する」とあり、細い身で巨大な建築をテーマに取り組み、しかもその言葉はユーモアと謙遜に満ちているとある。アメリカの記者も彼女には魅せられたようである。

その留学中に、梁啓超から送られてきた新発見の宋時代の建築書『営造法式』は、二人に中国建築史を終生の事業とさせる天啓の書となった。

くず折れそうになる出来事もあった。フィリスの父、林長民が軍閥の争いのなかで不慮の死を遂げたことである。帰国しようとする彼女を思いとどまらせ、援助し続けたのもまた梁啓超であった。

ペンシルバニア大学を卒業すると、梁思成はハーバード大学で論文を仕上げ、林徽因はイェール大学で舞台美術を勉強した。一九二八年三月、二人はカナダのオタワで結婚、ハネムーンを兼ねてヨーロッパを旅行し、ソ連経由で帰国の途に上る。一方、二人の留学中に徐志摩は友人の妻、陸小曼と再婚して梁啓超を怒らせ、この頃は妻の浪費癖に手を焼いていた。

まるで年表のような記述で申し訳ないが、国章のデザインまで先を急がなければならない。二人は帰国した一九二八年の秋、東北の軍閥、張学良が学長をつとめる瀋陽の東北大学に招かれ、建築系の創設にかかわる。翌一九二九年、梁啓超は没し、その秋、徽因は長女の再冰《ツァイピン》を産んだ。この年、中国の古建築を研究する機構、「中国営造学社」も創設され、二人が加入したのは言うまでもない。しかし、この頃より、林徽因は健康を害し、大学を辞し、北京に戻った。一九三一年、肺結核と診断され、北京の西郊、香山で療養生活を送る。

徐志摩はしばしば香山の徽因のもとを訪れる。七月には彼女に捧げる詩「あなたは行く」を書いた。友人の哲学者、金岳霖《きんがくりん》もその詩を「きみの最高の作」と賞めた。これに応じるように、彼女もまた旺盛な文学創作を開始し、九月には療養生活から日常の生活に戻った。十一月十九日、徽因は外国の駐華使節のために「中国の建築芸術」の講演をすることとなった。もちろん徐志摩も聴講に訪れるはずであった。しかし彼が講演会場に現われることはなかった。上海を飛び立った彼の乗機は濃い霧のなか着陸に失敗したのである。「志摩—死—だれがこの二つの語が一緒になろうと思ったであろう。あのように生き生きした人、あのように壮年の頂点にあった人、あの子どものような魂と純真さをもった人、だれがその死を考えられたろう」(林徽因「志摩を悼む」)。詩人、三十四歳であった。

満州事変の勃発したこの年、梁思成も瀋陽の東北大学を去り、北京の東城、北総布胡同三号の四合院に居を定め、一家で暮らし始めた。その家の応接間は「太太(中国音はタイタイ、マダムの意)のサロン」とよばれ、当時の文壇の巨匠、学者たちが集まった。作家の蕭乾《しょうけん》は次のように回想している。「林徽因のおしゃべりは、学識・見識があり、舌鋒鋭い批評だった。もし彼女がイギリスのジョンソン博士のように、身近にボズウェルがいて彼女の機知に富み、ユーモアのある話を全部書き留めていたら、きっと素敵な本が出来ていたに違いない!」

サロンの常連客には、冒頭に触れたジョンとウィルマのフェアバンク夫妻もいた。一九三二年、アメリカからやって来たジョンはウィルマと北京で結婚し、清華大学で蔣廷黻《しょうていふつ》(ソ連大使や最初の国連大使をつとめた）の下で外交史の勉強をしていたが、古建築の調査旅行にも同行した。夫妻は、一九三五年、河北侵略を目論む日本に対する学生の抗議運動、「一二・九運動」が高まるなか、クリスマスの日に中国を去った。

さきにその名に触れた哲学者の金岳霖も常連、あるいはそれ以上であった。サロンとなっていた客間の一つの扉を開けると金先生の家の庭であった。彼は隣家に住んでいたのである。そして彼もまた徽因に思いを寄せた。しかし思いのかなうわけもなく、生涯独身をつらぬき、梁と林の夫妻が亡くなった後は、その子どもたちと晩年を過ごした。

ここに掲げた写真は左から金先生、徽因とその娘、右端の二人がフェアバンク夫妻、もう一人の女性は多分ウィルマの妹、北京の天壇で撮られた。

梁と林の夫婦が後世に残した最大の業績、古建築の調査についても語らねばならない。それは、一九三〇年から一九四五年にかけての時期に、迫り来る戦火と競い追われるようにして行われた。二人の足跡は十五の省、二

林徽因，金岳霖，フェアバンク夫妻ら（1935年．前掲書より）

百以上の県に及んだ。彼らが調査した二百を超える古建築の測量とそれに基づく図絵は、中国の建築文化の存在を世界に知らしめた。例えば、河北省趙県の大石橋、山西省応県の木塔、五台山の仏光寺等である。これらの調査は梁思成に中国の古建築の構造の秘密を明らかにし、『営造法式』の解読を可能にした。林徽因は「中国建築のいくつかの特徴を論ず」(一九三二年)を執筆し、二人の合作による数々の調査報告も発表した。

そのなかでも最大の発見は、五台山仏光寺の大殿において起こった。使用された木材に、唐の大中年間の年号(八五七年)を見出したのである。それは寺の名そのままに、二人にとって、まさに仏の光が射し込んだ瞬間であった。ここに彼らの追い求めていた中国最古の唐代の木造建築が見出されたのである。梁思成の『図像中国建築史』の初めの方の頁に仏光寺大殿の図が載せられている。

この発見が行われたのは、一九三七年の七月七日のことであり、十二日には北京に戻っている。この日付に注目してほしい。七月七日は盧溝橋事件、日中戦争の始まった日である。二人がその人生の頂点に立った日、それは彼らの運命の転機の日でもあった。

七月二十九日、北京は陥落した。日本軍占領下の北京をのがれる知識人の流亡が始まった。九月、林徽因の一家は天津に移った。十月には、さらに南下して湖南省の長沙に至った。ここには、北京大学、清華大学、天津の南開大学によって国立長沙臨時大学が設立された。しかし十二月、南京が陥落し戦火が迫ってくると、さらに大学は雲南省の昆明に移ることとなった。林徽因一家は最も早く長沙を出発したグループに属した。しかし、途中、彼女が肺炎にかかり、二週間休んで三十九日をかけて、翌一九三八年の一月中旬に昆明に到着した。五月四日、大学は国立西南聯合大学と改称して開校した。

この大学には、欧米に学び中国の新しい学問を創始した学者たちが結集していた。例えば、アメリカに民俗学を学んだ聞一多《ぶんいった》、フランスに言語学を学んだ王力《おうりき》、アメリカに哲学を学んだ馮友蘭《ふうゆうらん》、イギリスに文学を学んだモダニズム詩人の朱自清《しゅじせい》等々である。春秋戦国の諸子百家の時代以来、中国最高の文化が、ここにはあったという人さえいる。その評価には、一九六〇年代に彼らの中国文明研究に接して驚嘆した私には、実感をもって肯《うべな》えるものがある。この百家のうちに建築史家の二人も加わったのである。

驚いたことに、梁と林の夫婦はこの流亡生活の苦難の日々を克明に書きとどめていた。それは、一九三五年に中国を離れてアメリカに帰ったフェアバンク夫妻への手紙の中においてである。手紙は、中華人民共和国建国の直前まで書き続けられた。それを知ったのは、台北の書店で買った中央電視台(CCTV)の「梁思成　林徽因」というドキュメンタリー番組のDVDによってである。八時間にも及ぶ番組は中国現代史の一場景でもあったが、二組の夫婦の間で交わされた書簡を一つの軸として、展開されていたのである。

一九四〇年秋、日本軍はベトナム北部を占領し、昆明への爆撃もはげしく、ここも安穏ではなくなった。中央研究院歴史語言研究所の付属となっていた中国営造学社は、四川省の李荘に移ることが決まった。営造学社社長であった梁思成の一行は、十二月、李荘に到着した。電気もない村である。

ここで営造学社の調査旅行で測量した図絵のその後について触れておこう。それらは北京を去るとき、天津のイギリス租界の銀行の地下倉庫に預けられた。数年後、それが水害に遭ったとの知らせがもたらされたとき、二人は涙で声もなかった、と後年、夫妻の子どもたちは回想している。

この村で林徽因はフェアバンクと会っている。一九四二年の九月、アメリカ戦時情報局の駐華代表で重慶にやって来たジョンは梁思成と会い、船で李荘へと向かった。その頃の彼女は病床にあることが多かった。一度、上海では肺病による彼女の死が伝えられたほどであった。翌一九四三年、英国大使館付きだった、『中国の科学と文明』の大著で知られるジョゼフ・ニーダム博士も李荘にやって来て、彼女と会っている。

一九四五年夏、今度はウィルマがアメリカ大使館の文化担当としてやって来た。八月、日本降伏の報がもたらされ、重慶は抗戦勝利に沸いた。その重慶で、ウィルマは梁思成に会い、李荘へと向かった。彼女は、駕籠に載せられた林徽因の傍らを歩いて、茶館に行き、ともに勝利を祝った。

十一月、梁と林の二人は、五年間を過ごした村に別れを告げ、重慶へと移った。重慶は湿気が多く、徽因の肺病にはよくない、とのことで、人々の計らいで、翌一九四六年二月には昆明で病気療養することとなった。

七月初め、また重慶に戻る。七日、フェアバンク博士は上海からアメリカに帰国した。三十一日、梁と林の夫婦、金岳霖らの西南聯合大学の教授たちは飛行機で重慶から北京に戻った。梁思成は清華大学の建築系主任となる。

その翌一九四七年三月にはウィルマが帰国することとなり、南京から梁と林の二人に別れを告げにやって来た。

この時期、梁は十一万字の『中国建築史』を書き終えた後で疲れきっていたが、林と二人で『図像中国建築史』の仕事に深夜まで取り組んでいた。その後、『図像』版の原稿は四十年近くも行方知らずとなっていたが、ウィルマの尽力で紆余曲折はあったが、一九八四年にマサチューセッツ工科大学から出版され、建築誌のその年の優秀図書賞を獲得している。

一九四八年三月二十一日、結婚二十周年。親しい友を家に招き、お茶と宋代都城の建築に関する学術研究報告でこの日を祝った。

十二月十二日、林徽因はジョンに手紙を送る。「たぶん私たちが自由にアメリカのあなたたちに手紙を書けるのもこの一、二ヵ月と思います。もし私たちが長く会えなくなるとしたら――ここでまさに大きな変化が起ころうとしているのです、私たちにはどんな変化なのか、それは来年なのか一ヵ月後なのか分かりませんが。」これが彼らの間で多年にわたり交わされた手紙の最後となった。

最後の手紙の日付の翌十三日、人民解放軍は清華園に進駐、北京城に迫った。梁と林は、解放軍から軍用地図に保護すべき古建築の所在地点に標しするよう求められた。このことは少し二人を安心させた。

建国が目前に迫った一九四九年七月十日、全国政治協商会議準備会は「国旗、国章の図案、および国歌の歌詞と楽譜を求める」と発表した。

十月一日、中華人民共和国建国。翌一九五〇年の六月十一日、政務院総理・周恩来は林徽因ともう一人に国章の図案の設計の基礎をつくる責任を負わせ、清華大学建築系に設計グループが組織された。そのデザインの方針は、「風景画のようであってはならず、商標のようであってはならず、荘重でなければならない」というものであった。

清華大学設計組の国章デザインは、六月二十三日、全国政治協商会議の大会で全会一致で通過し、二十八日人民政府会議の審議も通過した。九月二十日、毛沢東は中華人民共和国国章図案を公布する中央人民政府令に署名した。

この年、林徽因は北京市都市計画委員会の委員兼工程師に任命された。一九五〇年、今度は首都人民英雄記念碑建築委員会の委員に任命され、その台座の装飾のデザインを担当した。これは天安門広場に立つ碑の下部に今も見ることができるし、彼女の墓もこの装飾を施されている。墓の話にまでなってしまった。彼女の人生を一気に駆け抜けたようなこの文も、ゴールが見えてきた。

戦後、彼女の書いた建築に関する論文を挙げよう。「現代住宅設計の参考」(一九四五年十月)、「北京——都市計画の無比の傑作」(一九五一年四月、梁思成の署名であるが、彼はその跋で彼女との合作としている)、「北京のいくつかの文物建築」(一九五一年八月)、「『都市計画大綱』序」(一九五一年七月、二人の署名)、「ダ・ヴィンチ——偉大な予見をそなえた建築技術者」(一九五二年五月、二人の署名)、「われらの首都」(一九五二年一—六月、雑誌連載)、「和平礼物」(一九五二年十月)、「『中国建築彩画図案』序」(一九五三年執筆、死後の一九五五年出版)。ここには、彼女の北京という古い都市への愛と、仕事の集大成としての中国建築の彩画集とがある。

一九五五年四月一日早朝、林徽因はこの世を去った。

ある伝記作家は、彼女の早逝は痛ましい、しかし幸運でもあった、とも記している。

この年の二月、全国の建築学界では、いわゆる梁思成の唱導する「復古主義」「形式主義」に対する批判が開始されていた。

四川省の李荘は、いわば二十世紀の諸子百家というべき中国を代表する知識人が、日本の支配を逃れ、戦火を避けて隠れ住んだ地として知られ、いまでは彼らの住んだ陋屋が観光名所となっているという。日本からほんとうに遠い地に中国の現代史が生きていて、林徽因という女性がそのヒロインということなのであろう。

私は詩心がないので、彼女の詩文には全く言及しなかった。最後に本やドラマのタイトルにもなっている彼女の詩、「あなたはこの世の四月の空——ひとつの愛の賛歌」の最後の一節を紹介しよう。この詩は一九三四年、幼い息子のために書かれたという。

「あなたは木々に咲く花、軒端にさえずる燕——あなたは愛、暖かさ、そして希望、あなたはこの世の四月の空！」

追記

この文をたまたま目にした岩波書店の高村幸治さんから、『磯崎新建築論集』第六巻が送られてきた。その中の「一九五〇年の梁思成と丹下健三」という一文では、二人の設計に成る北京の「人民英雄記念碑」と広島の「平和記念公園慰霊碑」の建築思想が比較されている。その文で最も驚いたのは、ワシントンの「ヴェトナム・メモリアル」を設計したマヤ・リン(林瓔《りんえい》)が林徽因の姪であると書かれていたことである。北京とワシントン、その記念碑的建造物の設計者が叔母と姪であったとは。マヤ・リンは当時イェール大学の学生であり、設計コンペに参加して優勝したのである(一九八一年)。V字型の黒い切り石の壁に戦没兵士の名を刻んだシンプルなデザインに、アメリカ在郷軍人会は猛烈に反対し、闘う兵士の像をも配することで妥協が図られた。今やアメリカで活躍する建築家マヤ・リンであるが、その物語も興味深い。

戸田銀次郎父子のこと

幕末の水戸藩に戸田銀次郎忠敞《ただあきら》というサムライがいた。私の遠い祖先で、祖母の祖父に当たる人である。彼には三人の男子があり、その三男坊、藤三郎というのが、私の曽祖父である。

さて、その銀次郎忠敞について、どのように紹介したものやら、と考えていたら、以前NHKの大河ドラマに彼が登場したのをふと思い出した。さっそくインターネットで検索してみると、「NHK放送史大河ドラマ全リスト」というまことに充実したサイトがあり、データがよく揃っている。一九九八年放映の『徳川慶喜』で、大河内浩という俳優が彼の役を演じていた。そこに、戸田についての簡にして要を得た紹介がある。それをもとにざっと紹介すると、こんな具合である。

一八〇四(文化元)年の生まれ。一八二九(文政十二)年、水戸藩主後継問題で、藤田東湖とともに、斉昭の擁立に奔走。斉昭の藩主就任後は、江戸通事、執政と昇進し、東湖と藩政改革を推進し、「水戸の両田」と称される。しかし、一八四四(弘化元)年の斉昭の隠居謹慎に伴い免職。一八五三(嘉永六)年(ペルリ来航の折りである)、処分解除され幕府海防係となり、のち執政に復帰。安政大地震で圧死。

私がまず彼のことで気に入ってるのは、斉昭や東湖のように神様にはならなかった点である。安政大地震の折りも、老いたる母を救おうとして死んだ東湖のような美談はない。水戸藩江戸屋敷(今の後楽園のところ)が潰れるままに、その下敷きになってただ死んだのである。斉昭は常磐神社に祀られ、東湖についても、私の生まれた昭和十五年、紀元二千六百年記念事業として東湖神社の創建が議される(この辺の経緯は、芳賀登氏の労作『近代水戸学研究史』に詳しい)。

もちろん戸田には、斉昭や東湖のようなカリスマ性がなかったまでの話である。そんな戸田の人間性を、東湖は『回天詩史』のなかで、こう評している。「沈深寛弘、挙止閑雅、人を愛し物を容るるは、則ち今井(惟典、藩政改革の中心人物の一人で同志)・藤田は戸田に如《し》かざるなり」と。思慮深く、度量広く、しかもグレースフルな人に見えてくるではありませんか。東湖は自らについては、「粗《ほぼ》古今に通じ、頗る事体に達し、志を立てて変ぜざるは、則ち戸田・今井は恐らくは藤田に如《し》かざるなり」と評価している。ちょっとおおげさに言えば、藤田・戸田の関係は、毛沢東・周恩来の関係にも擬せられよう。

藤田・戸田は謹慎蟄居の期間も長く、その間に藤田は『回天詩史』『常陸帯』のような、後世に思想的インパクトを与える主要著作を著した。戸田もいくつかの文を残している。ちなみに彼の遺文は『蓬軒遺風』(蓬軒は戸田の号)全二巻に、戸田の長男の子息、戸田保忠氏の手によって、書簡・日記も含めそのほとんどが活字化されている。そのなかに、「ふもとの道のはし書き」(天保十五年甲辰秋、家児を訓戒の書、小石川長屋に蟄居中)という文がある。三十年ほど前に読んで、次の一節に惹かれた。「毎々を決するにもおほやけを元とする心こそ大切なれ、人をしるにも己が心おほやけならざれば、一つあしきことありと聞なは、外によきことありてもよきと不思、よきと思い居人なれば、あしきも思ぬことになるものなり」。内にパブリックの基準を持てというのである。すべてはパブリックを基準として判断せよ、とのこの一節、東湖の戸田評「人を愛し物を容るる」と響きあう。

『蓬軒遺風』のなかで、もうひとつ印象深かったのは、江戸へ単身赴任の身で、銀次郎が水戸の家族へ送った三十余通の書信である。その大部分は「お千勢どの」で始まる妻へ宛てたもの、一部は長男「亀之介どの」宛てである。一通一通かなり長文で、江戸での生活、家族への感情が細やかな筆致で書かれている。「お千せどのへ　藤二郎、藤三郎もよく書物をよみ候よし、嬉しく存候、藤二には何をよみ候哉、藤三はいまだ論語と存候」。長男、亀之介へは「歴史綱鑑」や「史記」を送っているのに、「いまだ論語」ではかなり差がある。

さて安政の大地震で、思慮深く度量ある銀次郎と、志を立てて揺るがない東湖と、この「両田」を一挙に失った水戸藩は、ほとんど内戦状態へと陥っていく。様相は複雑で、一言では説明しがたいが、単純化して言えば、藩政の実権を握る守旧派、両田を失った改革派、尊皇攘夷の過激派・天狗党と割れ、血で血を洗う争いとなる。この争いの中で、戸田の長男、亀之介(家督を継いで、銀次郎忠則を名乗る)も幽閉される。父・銀次郎の死後十年、『蓬軒遺風』に付された「戸田銀次郎父子年譜」の最後の一行にはこうある。「慶応元年七月五日病死す(年三十七)、鯉刺身を食して死す、毒殺の疑あり、爾来戸田の家にては鯉の刺身を忌みて食せず」と。さいわい加藤の家には、そのようなタブーはない。

党争の果て、一八六四(元治元)年、藤田の四男、小四郎の率いる天狗党は筑波山に挙兵した。行き場を失った天狗党は、京都にある主君・徳川慶喜に尊皇攘夷を訴えるべく、幕府による天狗党追討の命を受けた諸藩を横断し、西下する運命の旅に出る。

中山道を西に向かう天狗党の浪士たちが、岐阜の中津川の平田国学者たちによって同志として温かく迎えられたことは、よく知られている。二〇一二年、姫街道(中山道)四百年の中津川記念事業として、この地に伝わる地歌舞伎の演目の一つ、「王政復古・錦之旗揚　横田元綱勇戦記」が上演されたと聞く。これは、天狗党の和田峠山麓正八幡社殿より中津川宿出立までを描いている。私は見てないから分からないが、題からして、天狗党の横田藤四郎が戦死した息子・元綱の首を、この地に葬られるよう中津川の重立ちの人、市岡殷政・間秀矩に託すくだりもあるのであろう。これを書いたのは、中津川在住の振付師、市川源童で、昭和十二(一九三七)年三月十九、二十日、中津川旭座で上演されたという。天狗党の通過がいかにこの地の人々に印象深かったか、その一例であろう。

そうした例をもう一つ挙げよう。島崎藤村の『夜明け前』にも、武田耕雲斎ひきいる水戸天狗党の一行が木曾馬籠宿を西に向かっていく様子が描かれているが、それから数日後、中津川からさらに中山道を下った太田にあって、一行を見ていた少年がいた。当時六歳だった日本近代演劇の祖、坪内逍遥は、町屋の店頭で、疲れきった一行が通過するのを見ていた。年配の浪士の一人が近づいてきて、「えらくなれよ」と少年の頭をなでた。あのときのことは「今尚ほ夢のやうに記《おぼ》えてゐる」と、彼は後年「学生時代の追憶」に記している。ちなみに彼の父は太田の代官所の次官のような役で、神道論は平田篤胤、衛生論は貝原益軒を信奉していたという。その後、天狗党は敦賀にまでたどり着くが、その地でおよそ三百人が処刑されるという悲劇に終わる。明治維新の四年前、いまだ夜明け前、逍遥に言わせれば「多少の野趣と幾分のロマンス味を含んだ時分」の出来事であった。

先日、この春(二〇〇四年)開館したばかりの中津川市中山道歴史資料館で、藤田東湖が斉昭・戸田等と交わした巻子仕立ての十二巻にも及ぶ書簡を見せていただいた。まことに貴重なものと見えた。それが今、落ち着き先を求めて、中津川に留まっているのも、天狗党のことと思い合わされ、歴史的因縁のように感じられた。水戸学と平田国学、維新後は虚偽意識化され、戦後は克服の対象とされた思想を担って変革を追求した人々の書簡が、その歴史的意味の再検討の機運が起こりつつあるとき、一瞬ここに再会したのである(その後、この書簡は東京大学史料編纂所の蔵するところとなった)。

最後に、わが曽祖父、藤三郎のその後について述べよう。藤三郎は父、銀次郎の遺体を水戸に送る任に当たった。これを記録に残る最後として、藤三郎は福島に逃げた。祖母の話では、彼の肩から背中にかけて大きな刀傷があったというから、何らかの事情で命からがら水戸を逃れて、しぶとく生き延びたのであろう。そして死期も近いと覚ったある日突然家出して、見つかったのは、水戸に向かう街道筋の水海道で、行路病者としてであった。袂には、論語は読み終えたのか、袖珍本《しゅうちんぼん》(ポケットブック)の孟子一巻を携えていたという。水戸名物のアンコウ鍋ではないが、アンコウの巨大な腹に小魚どもがおさまってしまったように、人々が大きな時代の波に呑み込まれていった頃の話である。

Ⅲ　出会った本のこと

丸山文庫所蔵の徂徠関係資料をめぐって

東京女子大学の丸山眞男文庫には、荻生徂徠関係の写本・版本の複写類が相当数、蔵されている。それは、丸山眞男が吉川幸次郎とともに、みすず書房版の『荻生徂徠全集』の監修者であったことによる。したがって、そのほとんどは、みすず書房の収集にかかる。なかでも、ひときわ目を引くのは、荻生家蔵の徂徠資料の複写である。これは、一九七〇年代に、荻生家が新宿区内藤町の家の改築にあたり、千代田区一番町の官舎(当時、荻生家当主の荻生敬一は参議院の運輸委員会に勤務していた)に一時仮住まいしていた際、家財とともに移された資料を、みすず書房が高橋写真に委嘱して撮影したものである。撮影は荻生家の移転以前から始まっていたが、官舎には定期的に参上した記憶がある。この資料の複写は三セット作成され、一セットは荻生家、一セットはみすず書房、そして残る一セットを丸山が所蔵した。みすず書房の一セットは編集用に使用され散逸しているので、荻生家蔵のものを除くと、ここ丸山文庫に蔵される「荻生家文書」

と丸山が呼んだ一セットはなかなか貴重である。

丸山はみすず書房版全集においては、「政談」および「太平策」収録の『統治論』の巻を担当する予定であった。担当といっても、丸山の場合はそのテクストを自らが校訂することを前提としていた。したがって丸山のもとには、徂徠のこの二著に関連する複写資料が集中的に集められていた。しかし「政談」については、ある時点で丸山は自ら校訂することを断念したので、他に移されて文庫所蔵の徂徠関係の複写類のなかに多くは見いだされない。「政談」の校訂を丸山から引き継いで、みすず書房の小尾俊人が試みた跡のある資料は残されている。

文庫では「太平策」の写本コピー類は、一群の徂徠資料とは別置されている。別置されているのには理由があって、これは『徂徠全集』のためではなく、岩波書店の『日本思想大系』第三十六巻「荻生徂徠」(一九七三年)収録の「太平策」に、丸山が校注を施した際の資料だからである。『大系』収録の「太平策」を見れば分かるように、写本間の一字一句の異同も厳密に注されている。丸山に近いある学者は、このような作業は我々に任せて、大事な著述に貴重な時間を割けばよいのに、との感想をもらしていたが、そうも見えたであろう。それくらい丸山の校注は『大系』の同じ巻収録の他のテクストに比べても格段と細かく、他のテクストの校注に丸山は不満をもらしていたほどである。

この「太平策」の写本コピーを集めたのも、みすず書房である。そのことは『大系』に収録の丸山の「『太平策』考」の最後に小尾俊人の名を挙げて感謝していることでも分かる。みすずの編集者からすれば、『大系』本の「太平策」は、『全集』の決定版テクストのためのウォーミングアップに過ぎなかったから、その後も写本のコピーの収集は続けられた。丸山は、新たに提供された写本に、疑問となっていた一字を解決する文字を発見して喜んでいたりした。丸山の中では、依然として校注は続けられていたのである。内閣文庫本もその写本の一つであったように思うが、『大系』のための「太平策」写本コピーの中には、一見した限りでは見いだせなかった。

丸山は、「太平策」の校注にあたって、自分は「書誌学者」ではないので、これが善本であると決定づけることができないゆえに、細かい文字の異同を挙げることしかできない、と断っている。そう断るところに「書誌学」とは何かとの認識を有していたことが示されている。一方で、文字の異同ではない意味的な注では、けっこう楽しんでいた風がある。例えば、「講釈」という語について注を付し、「講釈中心主義」の闇斎と徂徠の「反講釈主義」と対比しているところなど、後年の岩波『大系』本の「山崎闇斎学派」に解説の稿を寄せた丸山と想い合わせて興味深く感じられる。

閑話休題、ここで少し余計なことを言うと、コピーといえど写本の収集は、なかなか楽しいものである。写本の収集から文献学が生まれ、それがルネサンスにつながった歴史を思い起こすと、写本類を収集し、その比較から新たな意味を発見しつつテクストを編む作業も、まことに小さな形、しかもたった一つの作品についてではあるが、その歴史を繰り返しているような気がしてくる。丸山も「太平策」の校注の過程で、幾分かはそのような気分を味わったに違いない。

ついでに、もう一つ余計なことを言うと、この写本コピーの収集を可能にしたのは、一九七二年の岩波書店の『国書総目録』全八巻の完結と、一九七六年のその「索引」の刊行である。この『目録』と江戸期の『群書類従』、明治期の『古事類苑』とで、日本出版史上の三大編纂物と呼ぶことさえあるが、そう呼ばれるゆえんが使ってみてよく分かった。未知の写本、異本の類の発見を含めて、写本の収集をほぼ完璧にしてくれたのである。この『目録』が我々と丸山の徂徠をめぐる作業に力を与えてくれたことは確かである。その作業の一端が、ここ丸山文庫に残されたというわけである。

丸山が「『太平策』考」の執筆を進めているのと同時に、我々はみすず版『荻生徂徠全集』の刊行準備を進めていた。その第一巻『学問論集』は、「『太平策』考」発表と同年、一九七三年に刊行されるのであるが、その準備段階で、それこそ『目録』に従い、写本収集に努めていたときに、一つの事件が起きた。この巻に収録予定の「徂徠先生答問書」の写本として、慶應義塾大学附属研究所斯道文庫に「荻生惣右衛門答庄内某書状之写」があるのを『目録』で知り、一日、その複写を申し込もうと、斯道文庫を訪れた時のことである。当時の文庫長は、日本の書誌学の第一人者、阿部隆一であった。阿部に用件を伝えると厳しく叱責された。無知な編集者が突然現れたのであるから無理もないことであったし、結果として重大な過ちを生んだのであるから、書誌学者の正当な反感の発露と言ってもよい。駄目かと思ったが、叱責にもかかわらず、寛容にも複写それ自体は許可された。

その重大な過ちとは、この「書状之写」に付された崎門派の伴部安崇の批判的コメントを誤って徂徠のコメントと取ったことである。これの詳細については、平石直昭『荻生徂徠年譜考』（平凡社、一九八四年）に指摘されている通りである。この過ちがどこから生じたかは明確ではないが、そのとき阿部の言う通り、複写でなく原写本を、編集者でなく専門家が見ていれば、あるいは防げたかもしれない。だが、それも何ともいえない。

ついでに、『全集』でのもう一つの過ちを、この際明らかにしておく。『全集』第四巻の口絵写真として「荻生徂徠　藪震庵宛書状」を掲げるが、その読みで「人古言を不存候故、古色を不存候」とした部分の「古色《いにしえ。》」は「古道《いにしえ。》」の読み誤りである。これについても、平石の書で、さりげなく「古道」と正しく改めて引用されている。この書状の文字は古文書学の専門家に読みを依頼したものであり、専門家の協力というだけでは十分とは言えないことを明かしている。この二例は思想史の誤った解釈をもたらしかねない誤りである。しかし、むしろ徂徠についての思想史の基本的知識をもってすれば、容易に防げた誤りと言えるかもしれない。自省をもこめてそう思う。思想史学と書誌学、古文書学の関係はそう単純ではない。例えば丸山が「『太平策』考」

で問題にした「太平策」それ自体が偽書か否かにしてからがそうであるし、思想史学に書誌学・古文書学への敬意は欠かせないと思う。編集という作業に従って、近世思想史の分野でのテクストの校訂の不十分を痛感した。ちなみに『全集』の「答問書」の活字への翻字は、国語学者の山田俊雄によって行われた。その周到な「凡例」を見ても分かるように、それは完璧であった。

斯道文庫の件は、丸山にも伝えられた。阿部隆一と丸山は、西順蔵を加えて三人の校注者として、『日本思想大系』第三十一巻の「山崎闇斎学派」で、一九八〇年に顔を合わせることになるのであるが、そこでこの件に言及されることはなかったと聞く。この巻での三人の組み合わせを見るとなかなかに興味深い。収録作品の多くの校注は阿部が担当し、西は少数の特殊な作品の校注のみを担当する。阿部の「解題」はよい意味でリゴリスティックであり、「解説」も同様である。西は漢文の読みについては定評のある特異な中国思想史の学者であるが、丸山にとっては、戦前の道徳教育思想に絶大な影響力のあった倫理学者、西晋一郎の息子でありながら、イデオロギー的には正反対の人間として興味深かったようである。私にとって何より印象深かったのは、西が『現代史資料』の新刊が出るたびに購入し、それを読むことを楽しみとしていたことである。「これくらい面白いものはない、思想史をやるなら、これくらい読まなければ」と言っていた。思想史の「史」の要素、歴史に対する感覚を養う役に立つとの意であろうか。『資料』とは名乗りながら、それぞれコンテクストのある資料集として編集していたので、読んで面白いとの感想には、我が意を得たり、と思ったことを鮮明に覚えている。

「山崎闇斎学派」の丸山の解説は、阿部の解説とは対極的な性質のものであり、問題提起的で、丸山の思想史の論文として独自の意義を有するものである。その意義は何かということについては、拙文の範囲を超えるのでここでは触れない。ただこの三人の組み合わせはどこから生まれたかといえば、おそらく編集委員としての丸山の提案ではないかと推量している。丸山は西の解説を期待したものの、固辞された結果、丸山自ら引き受けざるを得なかったと聞く。この解説の執筆に、丸山は憔悴しきっていた。闇斎のような最も肌に合わない思想との格闘に消耗したのだ、と周囲では言われていた。それもあったろうが、一読瞭然、この解説を読めば、その執筆に、思想史家として、その生命を削る理由があったと想像できる。

「闇斎学派」の解説に付した注の最初に丸山はこう記している。「近世日本において経学のテックスト・クリティークの途をきり開いたのは闇斎であった」。この一句に続けて、闇斎学が程朱学を基準としたのに対し、仁斎・徂徠は基準を漢唐以前に求めて、朱註を含む宋学を批判したのであり、そこには比例式が成立すると言っている。このテックスト・クリティークへの注目が、闇斎学への注目につながり、それが丸山の「闇斎学派」の解説への一つの出発点になって、解説の域を超える論文になったのではなかろうか。

フィロロギー(文献学)は歴史的であり、いわば縦の線上にある。それに対し、カテゴリーは世界の集中的一点である。その統一点を発見すること、それが思想史学ということもできようか。もしそうであるなら、丸山は、徂徠の学を「自然から作為へ」ととらえた『日本政治思想史研究』以来、そうした思想史学的営為を一貫して続けてきたのではなかったか。丸山文庫所蔵の徂徠関係資料を見ながら、そのような思いにとらわれる。

三つの『保元物語』

読者はお気づきかもしれないが、岩波書店からは、三つの『保元物語』が刊行されている。「日本古典文学大系」本(一九六一年)、「新 日本古典文学大系」本(一九九二年)、それに「岩波文庫」本(一九三四年)と、それぞれおよそ三十年の時を隔てて刊行されている。この三つのテクストを読み比べてみるとなかなかに面白い。諸本の性格については、既に「古典文学大系」本の「解説」にも詳細に書かれている通りで、国文学の専門家からは、我田引水、牽強付会、との誹りは免れそうもないが、無知な素人が読みとったところをお話しするのを、まずはお許し願いたい。それは確実に面白いのですから。

話を始める前に、なぜそのようなことを思いついたかというと、始まりは藤田省三の『精神史的考察』に収録された「史劇の誕生――『保元物語』の主題についての一考察」(初出は一九七六年)を読んだことである。この優れた考察が基づいたテクストは「日本古典文学大系」本である。

この本は「金刀比羅本《ことひら》」とよばれる写本を底本としている。それに対し「新日本古典文学大系」本は「半井本《なからい》」とよばれる写本を底本としている。この二つはどう違うのか、なぜか、この辺が気になった。

『保元物語』は、いうまでもなく「保元の乱」を背景としている。保元元年(一一五六年)、鳥羽院の崩御を機に乱は起こった。金刀比羅本の物語は、こう始まる。「中比《なかごろ》帝王ましましき。御名をば鳥羽の禅定《ぜんじょう》法皇とぞ申す。」半井本は「近曾《ちかきころ》、帝王御座《おわしまし》き。」とあり、以下同文である。これを見ても、「近つ頃、最近までいらっしゃった」とする半井本が、「昔と今の間の中間の時」とする金刀比羅本よりテクストとして古いということが分かる。流布本にもとづく岩波文庫本はどうかというと、また全く違う始まり方をするのだが、これについては後で触れよう。

面白いのは、この始まりに続く「法皇熊野御参詣並びに御託宣の事」という一段である。鳥羽院は崩御の前年の冬、熊野の参詣へと赴く。夜を熊野本宮の本殿で過ごしたところ、夜半に神殿の戸を押し開いて、白く美しい小さな左の手が差し出され、三度打ち返し打ち返しして、「これはいかに、これはいかに」と仰せられる夢のお告げがあった。法皇は大いに驚き、夢の意味を解こうと「よき巫女はいないか」と仰せられ、「いわかの板」という巫女が召された。なかなか権現様が降りて来ないのでやきもきするが、ついに降りてきた。

手に結ぶ水にやどれる月影はあるやなきかの世には有ける

「歌占《うたうら》」である。そして左の手を上げて、三度打ち返し、「これはいかに、これはいかに」と申したので、法皇、これこそまことに権現様の御託宣と思召して、さてどうしたらいいのかと尋ねると、「明年必ず崩御あるべし。その後は、世の中手のうらをかえすが如くならんずるぞ」と託宣があったので、法皇はじめ皆々涙を流し、「さて明年はいつの程にか」と申せば、巫女は、

夏はつる扇と秋の白露といづれかさきに置きまさるべき

「夏の終り、秋の始め」と仰せられた。皆々「如何にかして、其御難をのがれ、御命延びさせ給うべき」と泣く泣く問うと、「定業《じょうぎょう》かぎりあり。我れ力及ばず」と、にべもない返事で権現様はやがて上がってしまわれた。この記述は半井本に基づいているが、金刀比羅本も大筋には違いがない。ただ、「明年はいつの程にか」と尋ねられて、歌が歌われることはない。ここが大きな違いである。二首の歌のうち前の一首だけになってしまっているのである。

死期が予言される史劇と言うと、シェークスピアの『ジュリアス・シーザー』の冒頭のシーンが思い出される。シーザーを迎えて喚呼する群衆の中から一つの声が聞こえる。「気をつけよ、三月十五日に(Beware the ides of March)」。シーザー暗殺の日である。この予言が劇的効果を上げ

ている。「いわかの板」の歌にもいくぶんその効果は感じられないであろうか。それがなぜ消えたのか。それどころではない。流布本に基づく岩波文庫本からは、この二首の歌そのものがすっかり消えてしまうのである。以下は仮説である。

半井本系統の写本の書写年時の記されたいちばん古いのは文保二年(一三一八年)とされる。一方、金刀比羅本のもっとも古い奥書は宝徳三年(一四五一年)とある。物語の成立年代は一二二〇年頃と考えられるから、写本書写の年代は関係ないとはいえ、一世紀以上の差がある。この間に何が起こったのであろう。『保元物語』『平治物語』『平家物語』は軍記物三部作とされる。『平家物語』の前身は一二四〇年頃成立したとされるが、その有名な冒頭の「祇園精舎の鐘の声、諸行無常の響きあり」は、仏教思想そのものの表現である。『保元物語』の一首目の歌にも諸行無常の響きが感じられるのに比べると、半井本にのみある法皇の死期を予言する二首目の歌には、呪術的な匂いが残っているようにも感じられる。諸行無常の歌だけが残され、マジカルな要素は消された。

岩波文庫本の流布本では、二首とも歌が消えた。「歌占」はなくなるのである。ここで室町後期に生まれたという流布本の、先に保留した冒頭を見てみよう。物語に入る前に、短い序がおかれている。「夫《そ》れ易にいはく、「天文をみて時変を察し、人文を見て天下を化成す」といへり。」と始まり、易経に基づいて「変化」というものの性質についてしばらく講釈して、その後に「ここに鳥羽の禅定《ぜんじょう》法皇と申し奉るは」と物語の本文に入っていく。テクストは完全に儒教思想の時代の産物となったのである。もう一つ大きな違いは流布本は、半井本、金刀比羅本とは違って、写本ではなく、「古活字本」である。「語り物」の世界は、「読み物」の世界となった。物語は語られるものでなく、読まれるものとなったのである。

流布本には他の二本にはない特徴的な箇所もある。「左府御最後の事」の段にもそれがある。左府とは、保元の乱を起こした張本人、藤原頼長のことで、強引だが博学多識で、悪左府とよばれた。彼と、その師匠格で、権勢を振るっていた藤原信西(通憲)との間での「卜《うら》」をめぐる論争が記されている。左府が「亀の卜深し」と宣《のた》まえば、通憲は「易の卜ふかし」と申し、互いに多くの文、数多《あまた》の文を開いて争ったが、ついに通憲は敗れた。それから縷々《るる》孔子の言などを引いて、学問を誇る弊害を述べ、「俊才におわしまししかども、その心根《こころね》にたがう所のあればこそ、祖神の冥慮《みょうりょ》にも違《たが》いて、身を滅ぼし給いけめ」と頼長の滅びた原因を語り、この段は終わるのである。けっこう長い儒教的教訓にみち満ちた箇所である。

他にも当然ながら相異箇所はあるが省略して、一足飛びに最後に行こう。ここはとても面白い。長年『平家物語』に取り組んだ劇作家の木下順二は『保元物語』の一種の現代語訳(『木下順二が語る 保元物語』かたりべ草子 4、平凡社、一九八四年)もした。訳を終えて、「おわりに」という文章で次のように言っている。

「以上で『保元物語』をいちおう読み終えたことになるが、最後の一行を怪訝に思われた読者が少なくなかったのではないかと思う。〝正義の戦い〟とはいったいなんのことか？　後白河が、つまり天皇方が勝ったから、それを正義の戦いだというのであるか？」

木下の訳は金刀比羅本に基づいて行われた。その最後はこうである。

「然《しか》れば智将各々力を尽くし、士卒多く死破す。逆徒悉く退散し、王臣身をあわす。希代不思議の義兵也。」

木下の訳「ために知将はそれぞれに力をつくし、士卒は多く死に傷つき、逆徒はことごとく退散、天皇と臣下、一身となって戦った。世にもまれかつ不思議な戦いというべきである。」

半井本の最後は全く異なる。

「保元の乱にこそ、親の頸《くび》を切りける子も有けれ、伯父が頸切る甥もあれ、兄を流す弟《おとと》もあれ、思いに身を投ぐる女性《にょしょう》もあれ、是こそ日本の不思議也し事共なり。」

ただ「不思議」なりしことどもと言ってはいるが、「不思議」な正しい戦い、などとは言っていない。

ちなみに流布本は、保元の乱で大活躍した源為朝についての説話、「「いにしえより今にいたるまで、此の為朝ほどの血気の勇者なし」とぞ諸人《しょにん》申しける」で終わる。

木下の劇作家の勘では、金刀比羅本の終りは、『保元物語』が「史劇」であるとすれば、それにふさわしくないということになるのであろうか。

『愚管抄』の著者、慈円は保元の乱の当時は二歳であった。天台宗の高僧であるが、摂政・関白として公家政権の中心にあった藤原兼実の弟であり、古代から中世へと移り変わる世を、自らは滅び行く貴族社会に身を置いて、冷静に眺めながらこの史論書を書いた。「保元元年七月二日、鳥羽院うせさせ給いて後、日本国の乱逆《らんげき》と云うことはおこりて後《のち》むさ(武者)の世になりにけるかな。」

三つの『保元物語』の終りは、三者三様、公家の世から武士の世への転換期を、それぞれの立場からしめくくったと言えよう。「古典文学大系」本の「解説」では、半井本は「武家に重点をおいた事実をもって感慨を述べる」のに対し、金刀比羅本は「王朝を中心に、その安泰と恢復を乱の結末にすえている」という。とはいえ、劇作家が知らず知らずに感じたように、ドラマトゥルギーからすれば、最古の「語り物」の表現にもっとも劇的なるものが宿っていたのかもしれない。

岩波書店が三つの『保元物語』を刊行していることを奇特に想い、精神史的考察は藤田省三に任せ、書誌学的考察を少し試みてみた。

本棚の片隅から

本の「風入れ」という言葉があると、人に教えられた。虫干しより風情がある。九鬼周造の随筆「書斎漫筆」にある。九鬼のように、デカルトの『方法叙説』や聖フランシスの『小さき花』というわけにはいかないけれど、私の本棚にある数冊の本をとり出して風入れしてみよう。

一　ニューヨーク公共図書館

その日はもう午後も遅く、私は五番街と四十二丁目の角にあるニューヨーク公共図書館へと急いでいた。『印刷術　最初の五十年』展の最終日であった。正面のライオン像のあるのとはまた別の入口から、人気《ひとけ》のない、光を落とした展示室に入ると、グーテンベルクの『四十二行聖書』（一四五五年)に始まり、豪華な印刷本が元の写本とともに並べられている。その印刷本には写本と見まがうばかりの美しい手彩色が施されているものも多く、古書収集家に「インキュナブラ」(ラテン語で「ゆりかごの中にあるもの」の意)とよばれるグーテンベルク以来の最初の五十年の印刷本は、写本をモデルとしてそれに代わるものを目ざしていたのだと分かる。新しいものが現れる時、最初は古いものの代用品として現れるということはよくある。人間の想像力には限界があって、全く新しいものというのはなかなか難しい。

そのようなことを考えながら、年代順に並べられた本を辿っていくと出口近くになって、最後にこれまでの印刷本に比べると本当に小さなみすぼらしいくらいの印刷物が置かれていた。一四九三年、バルセロナで刊行されたコロンブスのアメリカ大陸発見を告げる小冊子であった。これまでの写本からは程遠く、今の本にずっと近い形をしている。この時、本の新世界が拓かれたのだ、私の眼にはそう映った。

図書館を出ると、すっぽり夕闇に包まれたニューヨークが目の前に広がっていた。半世紀近い昔の話である。

それから時がたって、驚いたことに、このコロンブスのアメリカ大陸発見の小冊子が日本にもあることを知った。それは西田長壽『明治新聞雑誌文庫の思い出』(《リキエスタ》の会、二〇〇一年)のなかに収録された資料によってである。その資料とは昭和五(一九三〇)年の十一月、東大の安田講堂の一階廻廊で開催された『帝国大学新聞』創刊十周年記念の「内外新聞発達史料展覧会」の展示品目録である。その「欧米新聞発達史料」の目録のいちばん最初にその本はあった。「Flugblatt(徳川時代の瓦版に類するもの)」と分類され、「コロンブスのアメリカ探検記」と題され、バルセロナばかりでなく、ナポリで同じ年に出たものまで展示されていた。このコレクションの大半は文学部新聞研究室主任・小野秀雄(のちの初代新聞研究所長)の蔵品であるとの注記が付されていた。この印刷物、この展覧会では本ではなく新聞の起原に分類されているが、新しい媒体の誕生と意識されていたことは確かである。先達の蒐集への情熱には頭が下がる。小野秀雄のコレクションはいま東京大学のアーカイブズに保存されている。

もっともこの度、私が本棚から取り出したのは、同じニューヨーク公共図書館の展覧会のカタログではあるが、『印刷術　最初の五十年』ではなく、その何年後かの『検閲　闘争の五百年』(オックスフォード大学出版局、一九八四年)である。『印刷術』展のカタログは一枚の紙に展示品の名前だけならべたものであって、何かの本に挟んだ記憶はあるが、今はどこに行ったか分からない。それに比べると、『検閲』展のカタログはA４判を幾分大きくした堂々とした書物で、一六〇頁くらいであるが本棚でも目立つ。

表紙を開くと、中からこぼれ落ちてきたものがある。一つは、日本出版学会会長・清水英夫氏の書評「検閲の五百年」。丸善の『學鐙』に書いたものであろうが、迂闊なことに掲載の年月を書き落としている。もう一つは、ユナイテッド・テクノロジーズという会社の一頁の全面広告。大きくグーテンベルクの顔をあしらい、「ありがとう、グーテンベルクさん」の文字が見える。これには『ツァイト』紙の一九八四年十月十九日号とある。展覧会は一九八四年の六月一日から十月十五日まで開かれていたから、カタログはこの頃、清水氏の書評を見て、丸善で買ったのであろう。

一九八四年といえば、誰しもジョージ・オーウェルの未来の抑圧社会を描いた同名の小説を思い起こすであろう。ニューヨーク公共図書館はまさにこの年にオーウェルへの一つの答えとしてこの展覧会を企画し、オックスフォード大学出版局がこれに応じたのである。五百年の間、繰返された表現の自由と抑圧との間のたえざる闘いを、二八五点に及ぶ展示品で示している。その展示品は、この図書館の禁書の収集品を一堂に集めたというのだから、収集の根底にある表現の自由に対する彼らのゆるぎない信念には恐れ入る。このテーマでの展覧会としては最も包括的であろう、と彼らは自負するが、以前も以後もこれ以上のものはないであろう。まさに空前絶後である。一九五〇年代のマッカーシズム、「赤狩り旋風」に対し、「読む自由」を合言葉に戦ったライブラリアンたちの気概を思い起こす。清水氏の書評によると、アメリカの図書館はコミュニティからの圧力が強く、政府の検閲は憲法で厳しく制限されているとはいえ、とりわけ検閲に対して敏感なのだそうである。

本の抑圧の歴史は長いが、今日的意味での検閲は、これもグーテンベルクの印刷術以後の話であろう。展示品の多くは、教会・国家と敵対した異端・危険の書である。その中には、マキャヴェリ『君主論』(一五三二年)、ウィリアム・ティンダルの『新約聖書』(一五三四年)、コペルニクス『天球の回転について』(一五四三年)、ガリレオ・ガリレイ『天文対話』(一六三二年)といった歴史を変えた名著が目白押しである。

現代に入ると文学書が風俗壊乱(いわゆるワイセツである)のかどで発売禁止の憂き目にあう。ジョイスの『ユリシーズ』(一九二二年)、ロレンスの『チャタレイ夫人の恋人』(一九二八年)の例を実際に同時代に経験した詩人のスティーヴン・スペンダーは、この展覧会に「一九八四年の世界で検閲について思うこと」という文を寄せて、強大な国家権力の前に、個人が無力感に陥るとき、オーウェルの悪夢は現実のものになる、と語っている。

また、歴史家のアーサー・シュレジンガー・ジュニアは、「序文」でこんな例を挙げている。「一八八五年、コンコード公共図書館の理事会は一理事の提案により、ある本を書棚から撤去することにした。理事の言によれば、その本は低俗極まる冒険物語で、汚い方言で書かれ、全編誤りだらけの文法で書かれているというのだ。」その有害図書とは、マーク・トウェイン作『ハックルベリー・フィンの冒険』。岩波少年文庫にもある名作である。

笑える話であるが、笑えない気もする。

二　クルアーンの中国語訳者

中田考監修の『日亜対訳 クルアーン』(作品社、二〇一四年)には、他にもその例はあるが、一つの大きな特徴がある。日亜対訳とあるように、アラビア語の原文が載っていることである。クルアーンはアラビア語の原文だけがクルアーンであって、その翻訳はクルアーンではないのだが、そのわけは、この翻訳の解説に詳しく書かれている。原文があって、そこに訳文が添えられ、詳細な脚注が付されている。

このクルアーンの翻訳のスタイル、どこかで見たことがあると思って、本棚を探すと、あった。イスマーイール・馬金鵬《マーチンポン》の中国語訳、『〈古蘭経《クルアーン》〉訳注』(寧夏人民出版社、二〇〇五年)である。日本語訳はA5判で七六八頁、中国語訳はB5判で八四〇頁、だいたい規模も同じである。アラビア語の原文、その訳、詳細な脚注が同じように配されている。翻訳の仕方についても比較してみたいのだが、そこには壁がある。中国語訳ではアラビア語も漢字で表記されていることである。アッラーは「安拉」、ムハンマドは「穆罕默特」、これくらいはよいとして細かい語彙は到底無理である。両書とも当然のことであるが、翻訳の方針については、注釈に使った本などかなり詳しく挙げられているのだが、漢字から元のアラビア語が類推できるほどの知識がないと、比較は難しい。

でもただ一箇所、翻訳について比較できる特徴をそなえたところがあった。それは中田監修版の解説で、他の日本語訳との違いの例に挙げている、第一章の六―七節の翻訳である。「われらを真っすぐな道に導き給え、あなたが恩寵を垂れ給うた者たち、（つまり）御怒りを被らず、迷っていない者たちの道に。」という箇所である。

それがこれまでの日本語訳では、そのすべてとはいえないが、多くの訳が否定詞のかかり具合を間違えて、人にではなく、道にかかるものととらえている。「あなたが恩寵を垂れ給うた者たちの道、御怒りを被り、迷っている者たちの道でなく」となっているのである。

では馬金鵬の中国語訳ではどうか。仮に訳せば、「われらを正しい道に導き給え！　あの人たちの道――あなたが恩寵を垂れ給うた者たちにして御怒りを被らず、迷っていない者たちの道に」となる。形は少し変わるが否定詞の使い方は間違っていない。中田監修版と比較しても、訳は正確である。

この中国語訳者に興味を抱いた。訳本には、解説を兼ねた長い「訳者の話」が添えられている。それを読む前に、中国語版ウィキペディア「百度百科」でこの人物についてざっと調べた。意外だったのは大変な美男子であることだった。百度では、本人の話には出て来ない話題、抗日戦争でイスラム教徒を組織したとか、国家への貢献が強調されていた。後は本人の話から紹介しよう。

馬金鵬は、一九一三年、山東省済南のイスラム教徒の平民の家に生まれ、幼き日よりモスク（漢語では「清真寺」という）で学び、後に済南公立第五小学に入り、一九二五年に卒業した。その後、モスク内の成達師範学校に学び、六年間クルアーンも学んだ。最も早くムスリムとしての教育を受けた一人であろう。一九三二年に卒業すると、援助者の善意で三名の学友とともにエジプトのアル＝アズハル大学（イスラム教スンナ派の最高教育機関で現存する世界最古の大学の一つ）に留学した。四年間の学習でアラビア語の水準は大いに高まったという。一九三六年の帰国後、母校の成達師範学校で教えたが、翌年に日中戦争が勃発、学校とともに桂林、それから重慶へと移った。戦争勝利後は混乱の中にあったが、一九四九年の解放後は人民が主体となることで、イスラム教徒も平等の待遇を受けられることとなり、希望にあふれた。一九五〇年から、上海福佑路のモスクの教長を三年間務め、宗教方面の多くの知識を得た。ここで一つの転機が訪れる。一九五三年、北京大学の馬《ま》寅初《えんしょ》校長（『新人口論』の著者、計画出産を提唱）に招かれ、アラビア語の教育・研究に携わることとなる。以来三十年余、三千人のアラビア語の人材を育てたという。『クルアーン』の翻訳以前に、二十余種の翻訳もした。残念ながら、『伊本・白図泰游記（イブン・バットゥータ旅行記）』くらいは分かるが、いずれも有名な本らしいのに分からない。同時に「中国語―アラビア語」「アラビア語―中国語」辞書の編集にも参加した。クルアーン翻訳の準備として、北京大学の厳格な学風と図書館の豊富な蔵書は馬金鵬の宝となった。

実際にいかにクルアーンの翻訳をしたかについても詳細に記されているが、先にも言ったように、これを紹介するには私の能力は不足している。信頼できる四種の注釈本に基づいている訳であること、各種の注釈本から作成された一万一千に及ぶ訳注が作成されたことについて、力をこめて書いている。この「訳者の話」の終りには一九九八年七月二十三日の日付がある。馬金鵬は二〇〇一年に亡くなり、訳本は二〇〇五年に刊行された。

刊行の時、訳者は亡くなっていたので、「あとがき」は二人の子ども、姉と弟によって書かれた。父の翻訳の様子がいきいきと描かれ、父への愛と信頼と尊敬に満ちている。

「アッラーが私たちに力を与えてくれた。父は毎日、深夜二時、三時まで原稿を見ていたが脳ははっきりしていた。」

「私たちが一章、一章の訳文を見直している時、父のクルアーンを読誦する声が耳によみがえり、心が震えた。」

「一条一条の注釈を見ていると、父が白い礼拝帽をかぶって、書籍に埋もれている様子が思い浮かぶ。」

父、馬金鵬が中国イスラム協会からクルアーンの翻訳の話を受けたのは、一九八九年、既に病気がちであり、七十も半ばをこえていた。翻訳に十年はかかるであろうと覚悟し、妻が亡くなって一年後に準備にとりかかった。数々の病に襲われ、流動食しか摂れなくなっても、長くないことを予感したのか翻訳の速度はさらに高まった。

子どもたちは、「父は私たちに豊かな財産を遺してくれた。名利に淡白で、正直で、崇高な目標にむかって奮闘してやまない精神、そして心血を注いで成った『〈古蘭経〉訳注』である」と締め括る。そして刊行に携わった人たちへの謝辞が続く。

いま本棚の片隅には、中田考監修の日本語訳と、馬金鵬の中国語訳と、二冊のクルアーンがなかよく並んでいる。この二冊のクルアーン、それぞれの社会でこれからどのような運命をたどるのであろうか。

三　ヴィジャヤナガル王国の都で

冬になると、インドにはいつ行こうかと考える時期が何年か続いた。行く先はいつも南インドのカルナータカ州のハンピという村と決まっていた。インドに魅せられた人に、どこがいちばんよかったか尋ねたら、「ハンピ」という答えが返ってきた。それ以来である。

インド旅行の全日程の一、二週間は必ずそこで過ごした。インドのＩＴ産業の中心地の一つ、バンガロールから、夜行列車「ハンピ・エクスプレス」は、夜十時に出発して、翌朝八時にはホスペットに到着する。そこからハンピまではオート・リクショーで田舎道を走って一時間ほどである。

最初に訪れたとき、目覚めて車窓から見た朝の光につつまれた驚くべき風景は忘れられない。この世のものとは思われなかった。十六世紀にこの地を訪れたポルトガル人、ドミンゴス・パイスの記述を引用すれば、こうである。「この上なく異様な山なみで、かつて見たことのない景観であった。それは白い石が互いに奇妙なかたちで重なりあい、そのうえひとつひとつの石がぴたりとついていないので、それぞれが宙に浮いているように見えるのである。」またある人は、こうも表現している、「重力に逆らっている土地」と。何億年か前の地球の変動から生まれたであろう、この風景は二十世紀になっても二十一世紀になっても全く変わっていない。トルコのカッパドキアにも似たような風景が見られるが、およそスケールが違う。

ところで、さきの引用は、ドミンゴス・パイス、フェルナン・ヌーネス「ヴィジャヤナガル王国誌」(浜口乃二雄訳、重松伸司注・解説、『大航海時代叢書』第Ⅱ期第五巻、岩波書店、一九八四年)から採られたものである。ハンピは最後のヒンドゥー帝国、ヴィジャヤナガル王国の都であったのである。実はこの『大航海時代叢書』の一冊に気づくのは、ハンピに行くようになって何年かして、『叢書』の背文字を眺めていた時であった。それまでは、この二人のポルトガル人の記録を英語で拾い読みしていた。しかも、版は違うが同じ英訳を三冊も持っていた。ではどうやって英訳本を手に入れたのか。

ハンピのいちばん賑やかな通りと言えば、この土地を象徴する高い塔のあるヴィルーパークシャー(この土地の神)を祀った寺院からハンピ・バザール(石造りの市場の跡が今も遺っている)に伸びる真っすぐな道の両側である。その寺院に近いところに一軒の老夫婦の営む、むかし日本にもよくあった文房具屋兼書店があった。ちっぽけな店なのにヴィジャヤナガルに関する外国語の本、インドについて書かれたベストセラー、英語だけでなくフランス語、スペイン語の本もあって、主人はそれを大層自慢にしていた。そこで買ったのである。

私の買った三冊の中に、「大航海時代叢書」にあげてある版本五種のうちの二種があったのだからなかなかの品ぞろえである。シーウェルの『忘れられた帝国 ヴィジャヤナガル』(一九〇〇年版)の二〇〇四年のリプリント版、ヴァスンドラ・フィリオッツァの『ヴィジャヤナガル 十六世紀の二人のポルトガル人年代記作家の見た』(一九九七年版)の二冊である。後者は、シーウェルの英訳本に、もともとフランスの国立文書館で十九世紀末に発見された原本も参照して若干の校訂を加えた版である。これらを拾い読みしていたが、肝心の邦訳のことは知らなかったのだから間抜けな話である。発見した訳本の訳と注解には感心した。おまけに参考文献には、私のつくったロミラ゠ターパルの『インド史』(みすず書房、一九七一年)も挙げられていて、改めて読んでこれにも教えられた。本を買うのはよいが、たまには買った本のタイトルくらい眺めたほうがよい。

ヴィジャヤナガル王国が南インドをその支配下においたのは、十四世紀初期から十七世紀までの約三百年間である。南下してくるトルコ系イスラムの勢力とは、ハンピの北を流れるトゥンガバドラー川を境に接し、その北はイスラム勢力の支配下にあった。ハンピはヒンドゥー文化の壮麗な輝きと奇妙な地形とが融合した地球上にもまれな土地であった。しかも現在の観光ガイドブックに載っている写真が、そのままポルトガル人の記述と一致する。象の厩舎、王妃の浴場、凱旋車の石彫等々。いかにそれが壮大であったたか、かれらはこう記述している。「王の宮殿は〔……〕城壁で囲まれていて、それはリズボーア〔リスボン〕にある城全体を囲むよりもさらに大規模なものに見える。」と。その面影を残す王宮地区はインド考古局によって整備が進んでいた。

ポルトガル人の記録では、イスラムの軍司令官の護衛が五十人のポルトガル人背教者であったり、人間の交流もまたさかんであった。パイスは一五二〇―二二年頃まで、ヌーネスはその十三年後、二年間ほど滞在した。ヴィジャヤナガル王国はイスラムとヨーロッパ勢力の進出の時代、「最後のヒンドゥー帝国」としてその輝きを放ち、異教徒に滅ぼされ、焼かれ、忘れ去られていった。その遺跡がこよなく美しい。

ある旅の最後の日、夕刻になると、近在の村々から人々が続々とやって来た。その日の夜はヴィルーパークシャー寺院の祭りの日であった。寺院の高い塔の無数の窓に油の燭台が置かれ燃えている。パイスによると、祭りの日の記述ではないが、寺院の燭台の数は二千五百から三千はあったという。揺らめく光は現代的なライトアップとは全く違う神秘的な明るさをたたえていた。ハンピもいまはリゾート地化が進んでいるという。インドには行けない人と行ける人がある、そしてそれには時がある、と言った人がいる。私はそのいい時を得てインドに行けたのであろう。

奇妙な本の並んだ本棚である。それぞれに思い出はあるが、今回の風入れはこのくらいにしておこう。

異文化理解を体現した本の形

初めて沖縄の県立博物館を訪れたとき、一冊の本が目に留まった。琉球語訳の聖書である。一八五五年、香港でカタカナ書きの琉球語で、『ルカ伝』『ヨハネ伝』『使徒行伝』『ロマ書』の四冊が出版されたが、そのうちの一冊である。『ルカ伝』だったように思う。翻訳したのは、ハンガリー生まれのユダヤ人で、イギリス海軍伝道会から琉球に派遣された宣教師・医者のベッテルハイム(Bernard Jean Bettelheim, 伯徳令)である。彼は一八四六年から五四年まで琉球に滞在したが、一八四七年から翻訳を始めたというから、布教のためとはいえ、語学の才にもかなり恵まれていたようである。

ここで私が驚いたのは、これらの琉球語訳聖書が明治維新の十年以上前、香港で印刷出版されたということである。東京に「東洋文庫」という世界でも屈指のアジア学専門の図書館・研究所がある。文庫の蔵書の起原をなすのは北京に在住したジャーナリスト、G・E・モリソンの収集

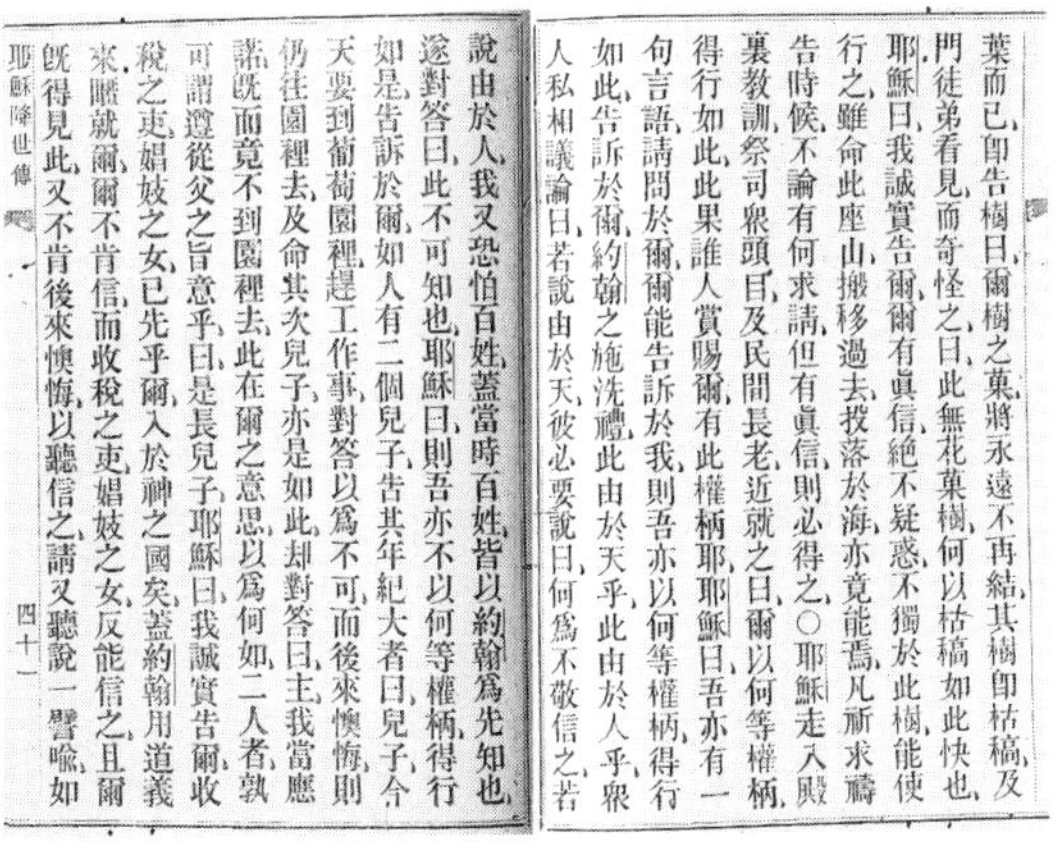
葉而已、卽告樹曰、爾樹之葉、將永遠不再結、其樹卽枯槁、及
門徒弟看見而奇怪之、曰、此無花葉樹、何以枯槁如此快也、
耶穌曰、我誠實告爾、爾有眞信、絕不疑惑、不獨於此樹、能使
行之、雖命此座山、搬移過去、投落於海、亦竟能焉、凡祈求禱
告時候、不論有何求請、但有眞信、則必得之、○耶穌走入殿
裏教訓、祭司衆頭目、及民間長老、近就之曰、爾以何等權柄、
得行如此、此果誰人賞賜爾、有此權柄耶、耶穌曰、吾亦有一
句言語、請問於爾、爾能告訴於我、則吾亦以何等權柄、得行
如此、告訴於爾、約翰之施洗禮、此由於天乎、此由於人乎、衆
人私相議論曰、若說由於天、彼必要說曰、何爲不敬信之、若
說由於人、我又恐怕百姓、蓋當時百姓、皆以約翰爲先知也、
遂對答曰、此不可知也、耶穌曰、則吾亦不以何等權柄、得行
如是、告訴於爾、如人有二個兒子、告其年紀大者曰、兒子、今
天要到葡萄園裡工作事、對答以爲不可、而後來懊悔、則
仍往園裡去、及命其次兒子、亦是如此、却對答曰、主、我當應
諾、既而竟不到園裡去、此在爾之意思、以爲何如、二人者、孰
可謂遵從父之旨意乎、曰、是長兒子、耶穌曰、我誠實告爾、收
稅之吏、娼妓之女、已先乎爾、入於神之國矣、蓋約翰用道義
來臨就爾、爾不肯信、而收稅之吏、娼妓之女、反能信之、且爾
既得見此、又不肯後來懊悔、以聽信之、請又聽說一譬喻、如
耶穌降世傳　四十一

図 1　ギャンブル製造の活字による『耶蘇降世伝』(1870 年．小宮山博史『日本語活字ものがたり』誠文堂新光社，2009 年)

した二万四千点であり、三菱財閥の岩崎久彌がそれを購入して設立された。「東洋学」は西洋人が先鞭をつけた学問なのである。そしてその最初期の担い手には、ベッテルハイムのように布教のために異文化の知識の習得に努めた宣教師たちがいた。彼らは、Mission Press と呼ばれる印刷出版の設備を備え、布教に役立てていた。

実を言うと、日本の近代印刷術の先駆者と言われる本木昌造も、その技術を上海の Mission Press の技術者から学んだのである。ここからの本木の活字輸入の物語は、小宮山博史氏の『日本語活字ものがたり――草創期の人と書体』(誠文堂新光社、二〇〇九年)に基づいていることをお断りしておく。一八六九年、長崎の元オランダ語通訳だった本木は、ウイリアム・ギャンブル(William Gamble)という人物を上海から長崎に招く。ギャンブルは上海の美華書館(American Presbyterian Mission Press)の館長を辞したばかりであった。彼が持参したのは印刷

CONFUCIAN ANALECTS.

BOOK I. HSIO R.

論語

學而第一

子曰、學而時習之、不亦說乎。有朋自遠方來、不亦樂乎。人不知而不慍、不亦君子乎。

CHAPTER I. 1. The Master said, 'Is it not pleasant to learn with a constant perseverance and application?

2. 'Is it not delightful to have friends coming from distant quarters?

3. 'Is he not a man of complete virtue, who feels no discomposure though men may take no note of him?'

図2　ジェームズ・レッグ訳『論語』(著者所有)

機、活字および活字鋳造機材である。活字には漢字、欧文、仮名の三種が含まれていたが、漢字の書体は現在では標準になっている明朝体であった。明朝体の金属活字は元はと言えば、西洋人の東洋学者、宣教師によって、欧文で一般的なローマン体との調和を考えて採用され、広く使われるようになったのである。

まずはギャンブルの造った活字による『イエス伝』(耶蘇降世伝)を見てみよう(**図1**)。活字はかなりの完成度である。よく見ると左頁と右頁では活字が違う。左がギャンブルの活字で、こちらの方が美しい。詳しいことは言えないが、ギャンブルは漢字活字の新しい製作技術を発明したのである。なぜ本木がギャンブルを招んだかと言えば、最新の技術を仕入れるためだったということが分かる。

ローマン体との調和も見てみよう。中国古典の知識を普及するのに最も力のあったジェームズ・レッグ(James Legge, 理雅各)訳の『論語』である(**図2**)。確かにこれも目に快い。ちなみにレッグはロンドン伝道協会の宣教師として、アヘン戦争後の一八四三年に、マラッカから、英華書院(Anglo-Chinese College)および付属の印刷所とともに香港に移っている。以来三十年、その地で過ごした。ちょうど琉球語訳聖書が作られた頃である。

本木はギャンブルの四カ月にわたる指導で印刷術をマスターし、やがては長崎で活字の製造販売を始める。これはその見本帳である(**図3**)。値段も書いてある。選んだ字がいい――「天下泰平國家安全」。こうして日本の印刷・出版は、異文化交流の環境の中から、その発展の道を歩み始めたのである。

それでは西洋の学者、聖職者がどのように異文化の理解に努め、その理解をどのように本の形に反映させたか、いくつかの例を見てみよう。フランスのイエズス会士クヴルール(S. Couvreur)訳の『四書』である(**図4**)。彼は中国の古典に精通し、大部の『中国古文大辞典』(*Dictionnaire classique de la Langue Chinoise*)をつくっていて、これは中国の古典を読むのにけっこう役立つ。この『四書』の翻訳の特徴は、漢字の原文とその中国音が記されていること、カトリックらしくフランス語とラテン語で訳されていること、おまけに漢文の注とその翻訳まで添えられてい

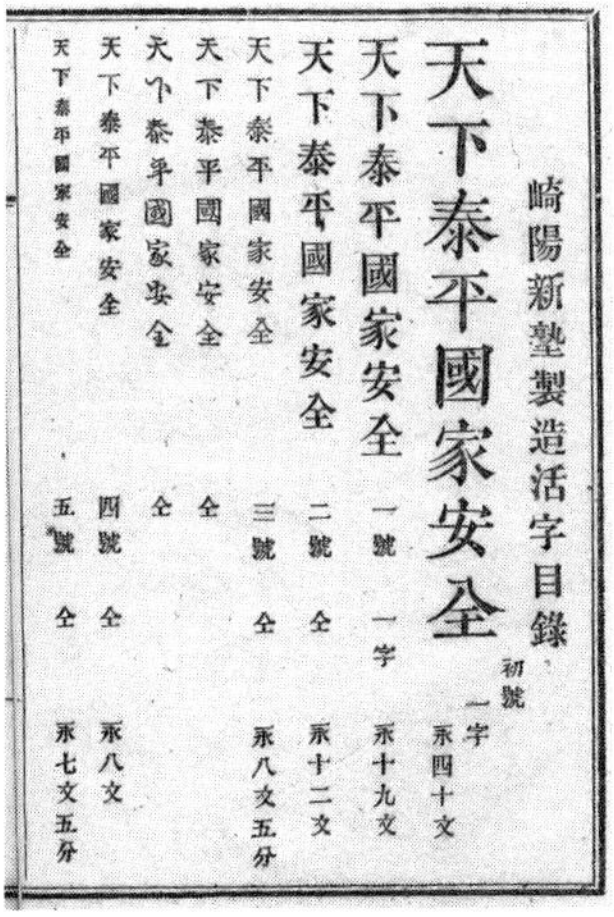

図3　崎陽新塾製造活字目録
(小宮山前掲書より)

ENTRETIENS DE CONFUCIUS. — CHAPITRE I.　　71

論語卷之一
學而第一
(1)子曰、學而時習之、不亦說乎。有朋自遠方來、不亦樂乎。人不知、而不慍、不亦君子乎。
(2)有子曰、其爲人也、孝弟而好犯上者、鮮矣。不好犯上、而好作亂者、未之有也。君子務本、本立而道生。孝弟也者、其爲仁之本與。有子孔子弟子名若

CHAPITRE I. HIO EUL.

1. Tzèu iuě : « Hiŏ êul chéu sī tchŏu, pŏu ī iuĕ hôu ? Iòu p'êng tzéu iuèn fâng lâi, pŏu ī lŏ hôu ? Jênn pŏu tchĕu, êul pŏu iún, pŏu ī kiūn tzèu hôu ? »
2. Iòu tzèu iuĕ : « K'ī wéi jênn iè, hiaó tí, êul haó fàn cháng tchè, sièn i. Pŏu haó fàn cháng, êul haó tsŏ louán tchè, wéi tchĕu iòu iè. Kiūn tzèu óu pènn ; pènn lí êul taó chēng. Hiaó tí iè tchè, k'ī wéi jênn tchĕu pènn iû. » (Iòu tzèu, K'òung tzèu tí tzèu, mìng Jŏ).

1. Le Maître dit : « Celui qui cultive la sagesse et ne cesse de la cultiver, n'y trouve-t-il pas de la satisfaction ? Si des amis de la sagesse viennent de loin recevoir ses leçons, n'éprouve-t-il pas une grande joie ? S'il reste inconnu des hommes, et n'en ressent aucune peine, n'est-il pas un vrai sage ? »
2. Iou tzeu dit : « Parmi les hommes naturellement enclins à respecter leurs parents, à honorer ceux qui sont au-dessus d'eux (par le rang ou par l'âge), peu aiment à résister à leurs supérieurs. Un homme qui n'aime pas à résister à l'autorité, et cependant aime à exciter du trouble, ne s'est jamais rencontré. Le sage donne son principal soin à la racine. La racine une fois affermie, donne naissance au tronc et aux branches. L'affection envers nos parents et le respect envers ceux qui sont au-dessus de nous, sont comme la racine de la vertu. » (Iou tzeu, nommé Jo, était disciple de Confucius).

1. Magister (Confucius) ait : « Qui colit et omni tempore recolit illud, (qui sapientium præcepta discit et exsequitur, indesinenter recolens discit et exsequitur), nonne quidem gaudet? Si sint pares, (id est, sapientiam æque amantes), qui ex remotis locis veniant (ut eum audiant), nonne quidem lætatur? Si homines non noverint eum, et non ægre ferat, nonne quidem est vir sapiens? »
2. Iou philosophus ait : « Qui, licet sint ii homines qui colant parentes, et observent majores (ætate aut gradu), tamen ament resistere superioribus, pauci sunt. Qui, etsi non amet resistere superioribus, tamen amet excitare turbationem, nondum fuit. Vir sapiens operam dat radici (seu basi virtutis) ; radice stante, jam virtus oritur. Pietas in parentes et observantia in majores sunt perfectæ virtutis radix. » (Iou philosophus, Confucii discipulus, proprio nomine Jo).

図4　クヴルール訳『四書』（著者所有）

ることである。刊行地がHo Kien Fouとなっているが、河北省の河間府のことであると、香港中和出版の張俊峰さんに教えていただいた。左側がフランス語、右側がラテン語である。この本を手に入れたときはとてもうれしかった。何しろ、ヨーロッパで東アジアの漢文と同じ役割を果たしたラテン語の訳が入ってるのだから。漢文とラテン語の間には、近代国家語であるフランス語よりは、しっくりするものがあるのではないか。そういう目で見ると、漢文の一文字一文字とラテン語の一語一語がしっくり対応しているように見えてくる。彼は『五経』も『易経』を除いてすべて訳している。『書経』の例で見ると、ラテン語訳はなく、その代わり詳細な注が付いている。刊行地は、彼の居住した河北省の献県になっている。

次に挙げるのは、リヒアルト・ヴィルヘルム(Richard Wilhelm, 衛礼賢)の翻訳した『老子道徳経』である(**図5**)。ヴィルヘルムは一八九九年、統合福音派海外伝道協会(AEPM)から山東省

の青島に牧師として派遣された。彼の信念は、中国人のためにその文化の拡大と普遍化に資する一方、ヨーロッパ人の世界観の拡大と深化に寄与することであり、この二面は互いに関連し循環して初めて成果を得るというものであった。彼が中国の哲学や文学をドイツ語に訳する仕事を始めたのは、このような相互理解のための具体的な基礎をつくるために他ならなかったのである。

図5　リヒアルト・ヴィルヘルム訳『老子道徳経』(著者所有)

『老子』の出版は一九一一年、その一年前に『論語』を出している。以下、彼の中国古典の訳を出版したのは全てイェーナのオイゲン・ディーデリヒス(Eugen Diederichs, 徳得利)社である。この出版社のことも忘れてはならないであろう。『列子』(一九一一年)、『荘子』(一九一二年)、『孟子』(一九一四年)、『易経』(一九二四年)、『呂氏春秋』(一九二八年)、『礼記』(一九三〇年)とつづく。

一九二一年、彼がヨーロッパに帰ったとき、心理学者、ユングに出会う。チューリッヒの心理学クラブでの彼の「易」の講演がユングに与えた印象については、ユング自身が何度も記している。英語訳にはかなり長い序文を寄せているくらいである。また『易経』の翻訳を手伝った中国人に労乃宣《ろうだいせん》という人がいる。清朝の遺臣で、辛亥革命後、青島にやって来た。音韻学者で、表音文字の導入を考えた人だそうである。中国の精神世界にどっぷり浸かったヴィルヘルム自身は、海外伝道協会を離れ、「東洋学術研究所」の設立を考えるが、これは挫折した。

中国音韻学の世界的な権威にスウェーデンのカールグレン(Bernhard Karlgren, 高本漢)という人がいる。もともとは比較音声学に関心を持つスラヴ語学者であったが、比較歴史音声学の手法に基づいて中国語学研究に取り組むことを決意した。そして中国語の上古音、中古音の復元に挑む。その研究成果を試すに絶好のテクストとして選ばれたのが『詩経』の翻訳である。中国語音も添えられているが、そこには上古音の表記も付け加えられている。「中国文明は中国語とともにある」という彼の信念が見事に表現されていると言えよう。

カールグレンの研究成果を基礎に置く日本の中国語音韻学者に、藤堂明保《とうどうあきやす》という人がいる。彼は字形の異同から共通する意義を見出そうとする伝統的な文字学を否定し、字音の異同に注目する。そのため、字形から意義を見出そうとする白川静の漢字学とは真っ向から対立することになった。彼の編集した学習研究社の『漢和大字典』(一九七八年)はなかなかユニークである。一つの文字に四つの発音表記が付されている。上から順に、周・秦の音、隋・唐の音、元の音、そして北京語および現代音というわけである。元の音というのは、中世口語の体系を示す『中原音韻』

という韻書に基づいている。藤堂の字書を使って、発音記号に注目する人はどれだけいるだろう。しかし、この中国古典文明理解への情熱は貴重なものと感じられる。藤堂明保の死によって、彼のうちに蓄えられていた中国語音韻の大いなる知識が失われることになった、といっても過言ではないであろう。

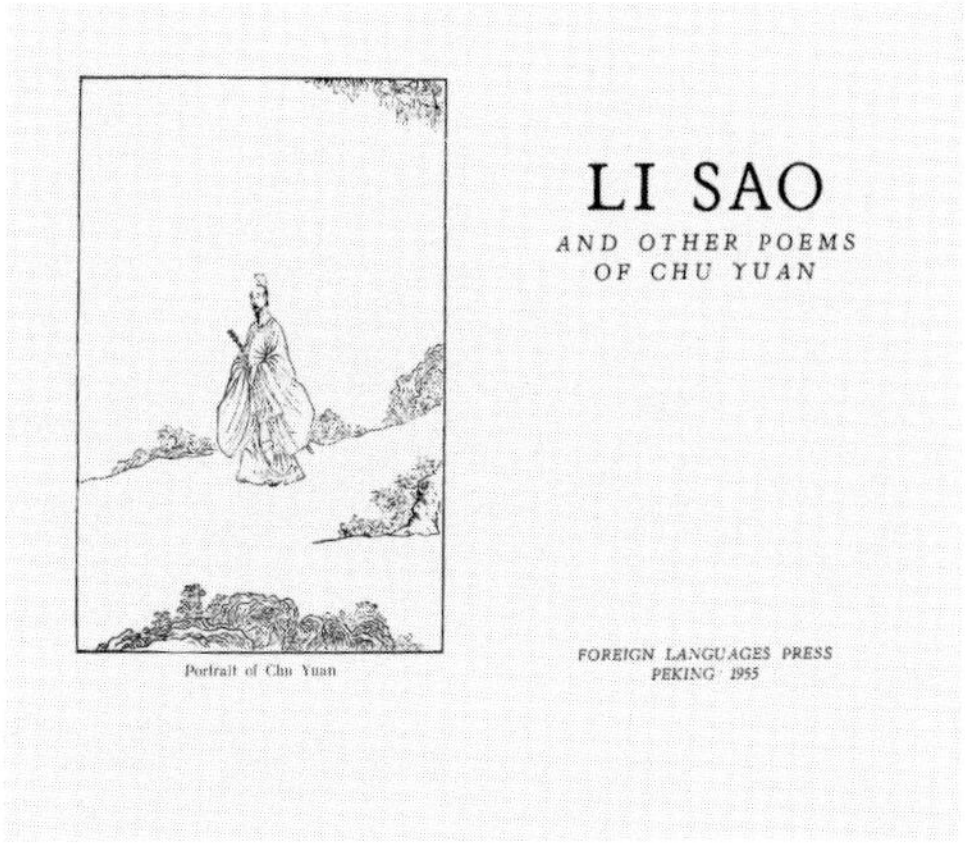

図6　屈原著，楊憲益，グラディス・ヤン訳『離騒』(著者所有)

異文化理解を形にした本について、ここでは中国文化を例に挙げた。例を挙げれば切りがないが、最後に、中国人によって異文明の人々のためにつくられた本を挙げて終わりにしよう。LI SAO、屈原の『離騒』の英語訳である(**図6**)。訳者は、楊憲益とその妻、グラディス・ヤン(Gladys Yang, 戴乃迭)である。小さな美しい本だが、屈原が汨《べき》羅《ら》の淵に身を投じてから二二三〇年の記念出版であるという。中国文明の長さを示す途轍もない数字である。一九四〇年、オックスフォード留学を終え帰国する楊とともにグラディスは中国にやってきた。『水滸伝』『紅楼夢』など二人が翻訳した中国文学は百にも達するであろう。異なる文明のもとで育った二人の出会いの物語は別の機会にしたいと思う。

あとがき

この本のもととなる原稿を、岩波書店の小田野耕明さんに渡して間もなく、思いもよらず「舌ガン」に侵されていることが分かった。その宣告を受けながら、気持ちが定まるのを感じた。それは、今回新たに書き下ろしたうちの二つの文、「ある人文書編集者の回想」と「翻訳者素描」には思いもよらぬ間違いが潜んでいるかもしれないと、公表にためらう気持ちがあったためである。それが定まった。私が言わなければ、たとえ微妙に間違ったとしても、もう誰もそのことを言う人はいなくなってしまう。

考えてみると、さまざまなことがこの結論に向かって進んできたように思う。最初に小田野さんから私のインタビューを取りたいとの話があって、東京駅ステーションホテルのレストラン、カメリアで、集英社の落合勝人さん、明治学院大学の趙星銀さんとともに二度ほどお会いした。その後、新型コロナ・ウィルスの蔓延で立ち消えになり、内心ほっとすると同時に、一方では申し訳ないと思い、外出自粛を期にこの回想を書き始めた。

そして、毎月一回、「茅ケ崎清談」と称して、茅ケ崎に住む市村弘正さんを訪ねるおりに、少しずつこの原稿を持参して評を乞うた。あるとき「加藤さんは出来事が好きですね」と言われた。歴史学専攻ですから、と言いたいところだが、実は思索が苦手なのである。回想には出来事好きなところが生かされていればよいと思っている。

「翻訳者列伝」の執筆を勧めたのも市村さんである。小伝とまでもいかないが、デッサン程度ならということで書いたのが、「翻訳者素描」である。この本に何か取り柄があるとすれば、翻訳者に光を当てたことであろう。

こうしてみると、小田野さんともう一人、市村さんという編集者がいたことになる。執筆者になって、私が言うのも妙だが、編集者とはいかにありがたい存在であるかを実感した。

このたび一冊の本をつくるにあたって、旧稿もいくつか収めていただいた。それを見て、けっこう書誌学的嗜好にもとづく文が多い、と言ったのも市村さんである。確かに私には他の読者にはない嗜好がある。それは、全集や辞書の凡例を好んで読むのである。全集の凡例は自らもいくつか書いたことがあるせいか、テクストの何をどう処理しているか、読者に明確に伝えなければならず、それが気になるのである。カタカナ表記か平がな表記か、点を打つか打たないかの違いですら、テクストにとって、またそれを読む読者にとって、大問題になりうる。それを楽しむというのは、かなり偏った楽しみであるが、言われてみれば、いくつかの文章はその嗜好の産物にちがいない。そしてそこから見えてくるものにけっこう面白いものがある。そのことに気づいていただければ幸いである。

冒頭に申したように、思わぬ間違いがあるのではないかと恐れるが、御指摘いただきたい。資料の探索については、みすず書房の石神純子さんのお世話になった。感謝申し上げる。

二〇二一年一月

加藤敬事

初出一覧（本書収録にあたって改題したものがある）

「ある人文書編集者の回想」 書下ろし
「翻訳者素描」 書下ろし
「ゆで卵とにぎり飯」 潮田登久子『みすず書房旧社屋』幻戯書房、二〇一六年
「すこし昔の話」 同右
「私は顔はまずいし、優しくもない」 『朱夏』第二十二号、二〇〇七年十月、せらび書房
「あなたはこの世の四月の空」 『街道の歴史と文化』第十八号、二〇一三年十月、関記念財団編、中山道中津川歴史文化研究会発行
「戸田銀次郎父子のこと」 『街道の歴史と文化』第七号、二〇〇四年七月、関科学技術振興記念財団編、同右発行
「丸山文庫所蔵の徂徠関係資料をめぐって」 『丸山眞男記念比較思想研究センター報告』第十二号、二〇一七年
「三つの『保元物語』」 書下ろし
「本棚の片隅から」 書下ろし
「異文化理解を体現した本の形」 『東アジア出版人会議二〇一九年沖縄会議・報告集』

主要人名索引

あ 行

相川博　56
青木昌彦　12, 30
赤塚不二夫　8
アザール，P.　57
阿部隆一　148-151
荒松雄　31
アラン　59
有賀弘　90
アーレント，H.　26, 44, 54, 66, 67, 70, 87, 88
アンウィン，S.　37, 38
安藤彦太郎　29
池上岑夫　84
池辺一郎　98, 99
池辺吉十郎　99
池辺三山　99
石井ゆかり　96
石上良平　85-89
石田英一郎　25
石堂清倫　59, 60
イスカンデル　35
市川源童　140
市川安司　22
市村弘正　45, 57
稲垣真美　20
稲葉素之　90-92
井伏鱒二　10
今井宏　80
今村新吉　56
岩崎久彌　27, 175
巌本善治　78
ウィトゲンシュタイン，L.　45
ウィルソン，E.　35
ヴィルヘルム，R.(衛礼賢)　178-180
ウェイルズ，N.　40
ウェッブ，S.　38
植手多一　50
植手通有　48, 50
ウェーバー，M.(マリアンネ)　66
ウェルズ，H.G.　19, 38
ウォーラス，G.　85
ヴォルテール　99
宇佐見英治　60, 95, 96
宇野鴻　22
エイヤー，A.J.　57
エヴァンス＝プリッチャード，E.　88
榎一雄　27, 30
榎本泰子　117
エプスタイン，J.　113, 115
エルツ，R.　32
エンデ，M.　69
オーウェル，G.　7, 8, 26, 163, 164
汪家明　119
王重民　30
王崧興　29
王丹　28
王力　129
大岡信　58
大久保和郎　65-70
大久保利謙　50
大河内信威　9, 10
大河内正敏　9
大島かおり　68-70
大島通義　68, 70
太田喜一郎　47
大沼忠弘　45
大野一雄　58
大橋保夫　94
大場ひろみ　8
大森元吉　88
岡村多希子　84
岡本太郎　59, 102-106, 108, 109

岡本敏子　102-109
荻生徂徠　48, 88, 145-152
オストロフスキー，N.　18
越智武臣　77
オネゲル，A.　17
小野秀雄　162
小尾俊人　36-40, 42-45, 52-54, 58, 66-68, 89, 90, 93-95, 108, 109, 115, 146, 147
尾吹善人　91

か　行

カー，E. H.　46, 85
カールグレン，B.(高本漢)　180
貝塚茂樹　113
貝原益軒　140
海保眞夫　74, 75
郭沫若　31, 32, 112, 113
掛川トミ子　68
梶村秀樹　35, 36
カッシーラー，E.　72
加藤逸次　4
金関義則　21
狩野直喜　47
狩野直禎　47, 48
神谷美恵子　39
カモンイス，ルイス・デ　84
河合栄治郎　85, 86
河合秀和　57
河村一夫　33
菊池慎之助　4
北川三郎　19, 20
北林谷栄　66
木下順二　157, 158
ギブ，H.　43, 44
ギボン，E.　71
キャロル，L.　57
ギャンブル，W.　175-177
金岳霖　125, 127, 131
クヴルール，S.　177, 178
陸羯南　48-51
九鬼周造　160
串田孫一　25
屈原　181
グーテンベルク，J.　160, 161, 163, 164
久保敦彦　87
久保覚　102-104, 109
久保正幡　86, 87
グラネ，M.　32, 33
栗原彬　56
クローチェ，B.　82
黒柳徹子　6
桑原隲蔵　47
桑原武夫　47
ケストナー，E.　10
ゲルナー，E.　46
向達　30
高津春繁　25
コーンフォード，F. M.　45
児島喜久雄　11
小林英夫　48, 81-85, 93
コリングウッド，R. G.　45
コンディヤック　93
近藤啓吾　22

さ　行

サイード，E.　43, 44, 53
再冰　125
ザイフェルト，W.　70, 100
坂井雄吉　50, 51
佐々木武　23, 72
佐藤次高　31
ジェンティーレ，G.　83
シェーンベルク，A.　17
品川力　49
島崎藤村　140
清水幾太郎　46
清水英夫　162, 163
下村寅太郎　59
ジャコメッティ，A.　60, 61, 95, 96
シャモニ，W.　70, 100, 101

周恩来　132, 137
朱自清　129
シュピッツァー，L.　82
シュミット，C.　44, 45, 51, 66, 70, 88, 90, 91
朱牟田夏雄　71, 73
シュレジンガー・ジュニア，A.　164
蕭乾　126
徐志摩　123-126
ショスタコーヴィッチ，D.　17
ショーロホフ，M.　18
白柳秀湖　88, 89
シンガー，I. B.　35
沈復　97
新村出　84
新村猛　46
末松保和　31
杉田直樹　56
鈴木博　28-30
スターリン，I.　17, 27, 29, 47
スティーヴン，L.　72
周藤吉之　31
ストーン，L.　76
スピノザ　74
スペンダー，S.　164
ソクーロフ，A.　17
ソシュール，F.　81
ソンドハイム，S.　16

た 行

高杉一郎　57
高田淳　33
高田博厚　36, 59
高野文子　19
高橋正衛　50, 55, 107-109
瀧口修造　58, 59, 100, 102
タゴール　123, 124
立花隆　13
田中慶太郎　32, 112
田中正造　49
田中正俊　31
ダヌンツィオ，G.　60
ターパル，R.　171
ダンカン，D.　12
ダントレーヴ，A. P.　45, 85-88
チャーチ，F. E.　62
張俊峰　178
趙伝　119
張幼儀　123
陳凱歌　117
陳独秀　28
ツヴァイク，S.　66
辻まこと　59
津田真道　50, 51
坪内逍遥　140
鶴見俊輔　52
ディケンズ，C.　19
出口王仁三郎　56
土井晩翠　71, 72, 75
トウェイン，M.　164
東海散士　49
董秀玉　118
藤堂明保　180
時枝誠記　81
ドストエフスキー，F.　19
戸田亀之介　138, 139
戸田銀次郎忠敞　4, 136-138, 140, 141
戸田藤三郎　136, 141
戸田通男　22, 28
戸田保忠　138
ド・メーストル，J.　51
トルストイ，L.　19
トレヴェリアン，G. M.　77-79

な 行

長井勝一　52
中島みどり　96-98
中田考　165, 166, 169
中野好夫　71
中野好之　47, 71-77, 80

永峰秀樹　99
名取洋之助　23, 24
ナボコフ，V.　35
成田篤彦　14
仁井田陞　20, 22
ニーダム，J.　130
西川正身　71, 73
西嶋定生　31
西順蔵　150, 151
西晋一郎　150
西田長壽　161
西部邁　24, 30
二宮宏之　46
ヌーネス，F.　170, 172
ネフ，E.　85
ノサック，H.　26
野沢協　76, 77

は　行

バーク，E.　48, 72-74
パイス，D.　170, 172, 173
長谷川四郎　46
バタイユ，G.　105
畠中尚志　74
バナール，J. D.　38
バルト，R.　42, 93
半澤孝麿　72
阪東宏　69
范用　118, 119
秀村欣二　25
ヒトラー，A.　27, 47
平石直昭　149
平田篤胤　140
フィッセリング，S.　50
馮友蘭　129
傅聡　117, 118
傅敏　118
傅雷　116-119
フェアバンク，J. K.　120, 126, 127, 129-132
フェアバンク，W.　126, 127, 129-131
フェーヴル，L.　46
フォスラー，K.　82, 93, 94
藤田小四郎　139
藤田省三　23, 40-42, 44, 51, 90-92, 153, 159
藤田東湖　4, 136-138, 140
藤原信西(通憲)　157
藤原頼長　157
フランク，C.　17
ブルクハルト，J.　59
ブルンチュリ，J. C.　50
ブレアル，M.　81, 82
ブレヒト，B.　16, 46, 47
プロコフィエフ，S.　17
ブロック，M.　46
ブローデル，F.　46
聞一多　31, 129
別枝達夫　77
ベッテルハイム，B. J.(伯徳令)　174, 175
ベラー，R. N.　68
ベルイマン，I.　16
ボズウェル，J.　74-76, 126
ホブズボーム，E.　79
堀米庸三　25
ホワイトヘッド，A. N.　25

ま　行

馬寅初　167
馬金鵬　165-169
マクルーハン，M.　37
馬健全　121
松浦嘉一　78
松浦高嶺　77-80
マヌティウス，アルドゥス　38
マヤ・リン(林瓔)　135
マルタン・デュガール，R.　18
丸山眞男　48, 52, 53, 58, 68, 70, 89-91, 100, 101, 145-152

マルロー，A.　15
マンドルー，R.　46
宮内勇　9
宮川寅雄　9
三宅徳嘉　93, 94
宮崎市定　47
宮崎駿　10, 11
宮田昇　52
ミル，J. S.　85, 86, 99
ムッソリーニ，B.　9, 83
村岡健次　80
村上仁　56
村川堅太郎　20
メータ，V.　45, 46
毛沢東　32, 112, 133, 137
モース，M.　104-106
本木昌造　175-177
森岡敬一郎　46
モリソン，G. E.　27, 174
護雅夫　31

や　行

八木さわ子　67
安井曾太郎　11
安世舟　91
矢内原伊作　60, 61, 95, 96
柳宗悦　10
山口昌男　21, 22
山崎闇斎　147, 151
山崎正一　25
山路愛山　89
山田豪一　29
山田俊雄　150
山中峯太郎　8, 22
山本達郎　28, 30, 35
ヤン，G.(戴乃迭)　181
ユング，C. G.　179
楊憲益　181
楊絳　96, 97
吉川逸治　25
吉川幸次郎　47
吉田加南子　95
吉原文昭　22
吉満義彦　39

ら　行

ラアトブルフ，G.　39
ラスキ，H.　38, 85
ラッセル，B.　38, 41, 47, 57, 122
ランドフスカ，W.　17
陸小曼　123, 125
李卓吾　30
龍澤武　42
梁啓超　121, 123-125
梁思成　120, 121, 123-134
林徽因　120-135
林載爵　28
林長民　121-123, 125
ルイス，B.　43
ルーシュ，J.　105
ルドン，O.　98, 100
レヴィ＝ストロース，C.　42, 94, 105
レッグ，J.(理雅各)　176
レリス，M.　105
労乃宣　180
ロシフ，F.　26
ローゼンタール，E.　43
ロッセリーニ，R.　16
ロラン，R.　18, 36, 66, 67, 81, 93
ロレンス，D. H.　164
ローレンツ，K.　57

わ　行

若松賤子　78
渡辺一民　78
ワット，M.　43

主要書名索引

あ　行

『悪魔と裏切者』(山崎正一，串田孫一)　25
『亜細亜の曙』(山中峯太郎)　8
『あしながおじさん』(ウェブスター)　10
『アフリカの伝統的政治大系』(エヴァンス＝プリッチャード他編)　88
『アメリカ・デモクラシー』(ラスキ)　38
『アラブの歴史』(ルイス)　43
『アリランの歌』(ウェイルズ)　40
『ある時代の手記』(宮内勇)　9
『イエス伝(耶蘇降世伝)』　175, 176
『イェルサレムのアイヒマン』(アーレント)　66
『生きがいについて』(神谷美恵子)　39
『イギリス史』(トレヴェリアン)　79
『イギリス社会史』(トレヴェリアン)　77, 79
『イスラーム文明史』(ギブ)　43
『イスラム報道』(サイード)　44
『一般言語学講義』(ソシュール)　81
『イングランド革命』(トレヴェリアン)　79
『殷周青銅器銘文研究』(郭沫若)　113
『インド史』(ターパル)　171
『ヴィジャヤナガル』(フィリオッツァ)　171
『ヴィジャヤナガル王国誌』(ヌーネス)　170
『ウズ・ルジアダス(ルシタニアの人びと)』(カモンイス)　84
『運命の賭』(ツヴァイク)　66
『永遠平和のために』(カント)　11
『英国を視る』(松浦嘉一)　78
『営造法式』　124, 128
『エクリ』(ジャコメッティ)　95
『エゴイスト』(メレディス)　71
『エドマンド・ウィルソン批評集』　35
『エドマンド・バーク著作集』　72, 73
『エフゲニー・オネーギン』(ナボコフ)　35
『大きな思い出 僕たちの戸田先生』(麻布学園昭和29年卒業生有志)　22
『岡本太郎の本』(全5冊)　59, 102–104, 106, 108
『荻生徂徠全集』　88, 145–150
『荻生徂徠年譜考』(平石直昭)　149
『小尾俊人日誌　1965–1985』　45, 53, 68, 90, 91
『小尾俊人の戦後』(宮田昇)　52, 66
『オペラ対訳選書』(NHK編)　83
『オリエンタリズム』(サイード)　43, 44, 53

か　行

『カーライルとミル』(ネフ)　85
『カール・マルクス』(カー)　85
『回天詩史』(藤田東湖)　137
『鏡の国のアリス』(キャロル)　57
『学問の理想』(ミル)　85, 86
『家族・性・結婚の社会史』(ストーン)　76
『カタロニア讃歌』(オーウェル)　26
『河童駒引考』(石田英一郎)　25
『感覚論』(コンディヤック)　93
『幹校六記』(楊絳)　96
『間島問題資料』(外務省文書)　33
『漢文研究法』(狩野直喜)　47
『漢和大字典』(藤堂明保編)　180
『黄色い本』(高野文子)　19

『喜雨亭雑文』(高田淳)　33
『奇縁まんだら』(瀬戸内寂聴)　102
『飢餓海峡』(水上勉)　15
『期待と回想』(鶴見俊輔)　52
『昨日と明日の間』(小尾俊人)　52
『木下順二が語る 保元物語』(木下順二)　157
『ギボン自伝』　71
『君よ弦外の音を聴け』(傅雷)　117
『近代水戸学研究史』(芳賀登)　137
『陸羯南全集』　48-51
『愚管抄』(慈円)　159
『〈古蘭経〉訳注』(馬金鵬)　165-169
『君主論』(マキャヴェリ)　164
『芸術新潮』(雑誌)　15, 16
『啓蒙主義の哲学』(カッシーラー)　72
『月曜物語』(ドーデ)　67
『検閲 闘争の五百年』　162
『言語美学』(フォスラー)　82, 93
『原色版美術ライブラリー』　108
『現代議会主義の精神史的地位』(シュミット)　44, 88, 90
『現代史資料』　59, 150
　第1巻「ゾルゲ事件(一)」　36
　第31巻「満鉄(一)」　36, 40
　別巻「索引」　54
『続・現代史資料』
　第3巻「アナーキズム」　55
　第6巻「軍事警察」　80
　第7巻「特高と思想検事」　55, 56
　第10巻「教育(三)」　59
『憲法理論』(シュミット)　91
『鋼鉄はいかに鍛えられたか』(オストロフスキー)　19
『国書総目録』　148
『古代殷帝国』(貝塚茂樹)　113
『国家とは何か』(ダンドレーヴ)　45, 85-88
『言葉と物』(ゲルナー)　46
『子供の科学』(雑誌)　17
『小林英夫著作集』　81
『誤用の文法』(フリエ)　82
『コレクション 瀧口修造』　58
『これでいいのだ』(赤塚不二夫)　8

さ 行

『サミュエル・ジョンソン伝』(ボズウェル)　74, 75
『詩経』(カールグレン訳)　180
『史綱評要』(李卓吾)　30
『四十二行聖書』(グーテンベルク)　160
『四書』(クヴルール訳)　177, 178
『辞書、この終わりなき書物』(三宅徳嘉)　94
『静かなるドン』(ショーロホフ)　18
『自然の観念』(コリングウッド)　45
『自然法』(ダントレーヴ)　86, 87
『支那小説戯曲史』(狩野直喜)　47
『支那文学史』(狩野直喜)　47
『西伯利出兵史』(参謀本部編)　34
『下村寅太郎著作集』　59
『社会主義の文化理論』(ラアトブルフ)　39
『写真の読みかた』(名取洋之助)　23
『シャーロック・ホームズ家の料理読本』(クラドック)　14
『ジャン・クリストフ』(ロラン)　18, 116
『宗教と資本主義の興隆』(トーニー)　77
『十八世紀イギリス思想史』(スティーヴン)　72, 74
『出版概論』(アンウィン)　37
『出版、わが天職』(エプスタイン)　113
『ジュリアス・シーザー』(シェークスピア)　155
『シュルレアリスムのために』(瀧口修造)　102
『春秋研究』(狩野直喜)　47
『少年朝日年鑑 1949年版』　11-13, 22
『少年美術館』　11

『昭和の軍閥』(高橋正衛)　50, 107
『初歩のラジオ』(雑誌)　17
『自律と他律 倫理学ノート』(稲葉素之)　91
『新興科学の旗のもとに』(雑誌)　10
『真実の林徽因』(田時雨)　121
『人生についての断章』(ラッセル)　47
『人生・命耶罪耶』(山路愛山)　89
『清朝の制度と文学』(狩野直喜)　47
『人物世界史 東洋』(仁井田陞編)　20
『新約聖書』(ティンダル)　164
『図像中国建築史』(梁思成)　128, 131
『スタンダード仏和辞典』　94
『世紀の遺書』(巣鴨遺書編纂会編)　50
『政治神学』(シュミット)　51
『政治的ロマン主義』(シュミット)　45, 66
『政治における人間性』(ウォーラス)　85
『精神史的考察』(藤田省三)　42, 153
『政府二論』(ロック)　79
『西洋哲学史』(ラッセル)　38
『西洋番国志』(鞏珍)　30
『世界文化史』(ウェルズ)　19, 20, 38
『全体主義の起原』(アーレント)　44, 66-69, 88
『戦中と戦後の間』(丸山眞男)　52, 53
『ソヴェト・コンミュニズム』(ウェッブ)　38
『その前夜、樹海に死す』(稲垣真美)　20
『ソビエト大百科事典』(シュミット編)　21

た 行

『泰西国法論』(津田真道)　50
『台湾原住民研究』(研究誌)　29
『宝島』(スティーヴンスン)　10, 74
『唯一筋の路』(河合栄治郎)　86
『淡彩詩編』(小林英夫)　83
『チボー家の人々』(マルタン・デュガール)　18
『チポリーノの冒険』(ロダーリ)　11
『チャタレイ夫人の恋人』(ロレンス)　164
『中華人民共和国史十五講』(王丹)　28
『中原音韻』(周徳清)　180
『中国回想録』(フェアバンク)　120
『中国建築史』(梁思成)　131
『中国古文大辞典』(クヴルール)　177
『中国の科学と文明』(ニーダム)　130
『中国服のブレヒト』(長谷川四郎)　46
『中世イスラムの政治思想』(ローゼンタール)　43
『忠誠と反逆』(丸山眞男)　100
『辻まこと全集』　59
『津田真道』(大久保利謙編)　50
『津田真道全集』　50, 51
『デイヴィッド・コパフィールド』(ディケンズ)　19
『天球の回転について』(コペルニクス)　164
『天皇制国家の支配原理』(藤田省三)　40, 51
『天文対話』(ガリレイ)　164
『ドイツ社会主義』(ラッセル)　57
『トゥーキューディデース』(コーンフォード)　45
『灯台へ』(ウルフ)　72
『トム・ジョウンズ』(フィールディング)　71
『トリストラム・シャンディ』(スターン)　71
『敦煌遺書総目索引』(王重民)　30

な 行

『二〇世紀言語学論集』(フォスラー)　82
『日亜対訳 クルアーン』(中田考監修)　165, 166, 169

『二・二六事件』(高橋正衛)　50, 107
『日本』(新聞)　48
『日本語活字ものがたり』(小宮山博史)　175
『日本思想大系』
　第31巻「山崎闇斎学派」　150
　第36巻「荻生徂徠」　146, 147
『日本政治思想史研究』(丸山眞男)　152
『日本の思想』(丸山眞男)　70, 100
『人間の権利』(ペイン)　73

は　行

『バートランド・ラッセル』(ウッド)　41
『ハエとハエとり壺』(メータ)　45
『白痴』(ドストエフスキー)　19
『ハックルベリー・フィンの冒険』(トウェイン)　164
『花田清輝全集』　102
『バルザックと小さな中国のお針子』(ダイ・シージエ)　117
『ハンス・ブリンカー』(ドッジ)　10
『ピエール・ベール著作集』　76
『藤田省三著作集』　23, 51
『浮生六記』(沈復)　97
『ふたりのロッテ』(ケストナー)　10
『プチ・ショウズ(ちび君)』(ドーデ)　67
『傅雷家書』(傅雷)　117, 118
『傅雷画伝』(葉永烈)　118, 119
『フランス革命についての省察』(バーク)　73
『ブルクハルトの世界』(下村寅太郎)　59
『風呂』(楊絳)　97
『文学評論』(夏目漱石)　72
『文化と帝国主義』(サイード)　44
『蓬軒遺風』(戸田忠敵)　138, 139
『封建社会』(ブロック)　46
『保元物語』　153-159
『暴力について』(アーレント)　87
『本・子ども・大人』(アザール)　57
『本へのとびら』(宮崎駿)　10, 11

ま　行

『マックス・ウェーバー』(ウェーバー，マリアンネ)　66, 69
『満洲共産匪の研究』(満洲国軍政部顧問部編)　34
『満州国の阿片専売』(山田豪一)　29
『右手の優越』(エルツ)　32
『みすず』(雑誌)　21, 40, 41, 43, 46, 56, 59
『見る人』(宇佐見英治)　95
『民族日本歴史』(白柳秀湖)　88
『ムハンマド』(ワット)　43
『明治新聞雑誌文庫の思い出』(西田長壽)　161
『モモ』(エンデ)　69

や　行

『野生の思考』(レヴィ＝ストロース)　94
『指輪物語』(トールキン)　37
『ユリシーズ』(ジョイス)　164
『夜明け前』(島崎藤村)　140
『葉雨書衣』(范用)　119
『ヨーロッパ自由主義の発達』(ラスキ)　38, 85

ら　行

『ライフ』(雑誌)　12, 13, 23
『離騒』(屈原)　181
『ルカ伝』(琉球語訳)　174
『ルドン　私自身に』(ルドン)　98
『歴史とは何か』(カー)　46
『歴史における科学』(バナール)　38

『老子道徳経』(ヴィルヘルム訳)　178, 179
『ロシア共産主義』(ラッセル)　57
『ロビンソン・クルーソー』(デフォー)　74, 75
『ローマ帝国衰亡史』(ギボン)　71
『ロマン・ロラン全集』　116
『論語』(レッグ訳)　176
『論語孟子研究』(狩野直喜)　47

わ 行

『忘れられた帝国 ヴィジャヤナガル』(シーウェル)　171
『私の現実』(ジャコメッティ)　95
『私の紅衛兵時代』(陳凱歌)　117
『私の履歴書 人生越境ゲーム』(青木昌彦)　12
『私は顔はまずいし、優しくもない』(范用)　119

欧 文

The Medium is the Massage (McLuhan)　37
This is War! (Duncan)　12

加藤敬事

1940年生まれ．東京大学文学部東洋史学科卒．1965年，みすず書房に入社．人文書を数多く手がける．1998年から2001年までみすず書房社長．2005年の東アジア出版人会議発足に関わり，初代理事をつとめる．訳書に，王丹『中華人民共和国史十五講』(ちくま学芸文庫，2014年)．

思言敬事――ある人文書編集者の回想

2021年5月11日　第1刷発行

著　者　加藤敬事《かとうけいじ》

発行者　岡本　厚

発行所　株式会社　岩波書店
〒101-8002 東京都千代田区一ツ橋2-5-5
電話案内 03-5210-4000
https://www.iwanami.co.jp/

印刷・精興社　製本・松岳社

ISBN 978-4-00-061469-6　　Printed in Japan